Stefan Schäfer

Unterrichtssequenzen Abiturlektüre

14 komplett ausgearbeitete Unterrichtseinheiten

Friedrich Schiller:
Kabale und Liebe

In diesem Werk sind nach dem MarkenG geschützte Marken und sonstige Kennzeichen für eine bessere Lesbarkeit nicht besonders kenntlich gemacht. Es kann also aus dem Fehlen eines entsprechenden Hinweises nicht geschlossen werden, dass es sich um einen freien Warennamen handelt.

4. Auflage 2022
© 2013 Auer Verlag, Augsburg
AAP Lehrerwelt GmbH
Alle Rechte vorbehalten.

Das Werk als Ganzes sowie in seinen Teilen unterliegt dem deutschen Urheberrecht. Der Erwerber der Einzellizenz ist berechtigt, das Werk als Ganzes oder in seinen Teilen für den eigenen Gebrauch und den Einsatz im eigenen Präsenz- oder Distanzunterricht zu nutzen.
Produkte, die aufgrund ihres Bestimmungszweckes zur Vervielfältigung und Weitergabe zu Unterrichtszwecken gedacht sind (insbesondere Kopiervorlagen und Arbeitsblätter), dürfen zu Unterrichtszwecken vervielfältigt und weitergegeben werden.
Die Nutzung ist nur für den genannten Zweck gestattet, nicht jedoch für einen schulweiten Einsatz und Gebrauch, für die Weiterleitung an Dritte einschließlich weiterer Lehrkräfte, für die Veröffentlichung im Internet oder in (Schul-)Intranets oder einen weiteren kommerziellen Gebrauch.
Mit dem Kauf einer Schullizenz ist die Schule berechtigt, die Inhalte durch alle Lehrkräfte des Kollegiums der erwerbenden Schule sowie durch die Schüler der Schule und deren Eltern zu nutzen.
Nicht erlaubt ist die Weiterleitung der Inhalte an Lehrkräfte, Schüler, Eltern, andere Personen, soziale Netzwerke, Downloaddienste oder Ähnliches außerhalb der eigenen Schule.
Eine über den genannten Zweck hinausgehende Nutzung bedarf in jedem Fall der vorherigen schriftlichen Zustimmung des Verlags.

Sind Internetadressen in diesem Werk angegeben, wurden diese vom Verlag sorgfältig geprüft. Da wir auf die externen Seiten weder inhaltliche noch gestalterische Einflussmöglichkeiten haben, können wir nicht garantieren, dass die Inhalte zu einem späteren Zeitpunkt noch dieselben sind wie zum Zeitpunkt der Drucklegung. Der Auer Verlag übernimmt deshalb keine Gewähr für die Aktualität und den Inhalt dieser Internetseiten oder solcher, die mit ihnen verlinkt sind, und schließt jegliche Haftung aus.

Autor: Stefan Schäfer
Umschlagillustration: Cyril Mariaux, München
Illustrationen: Stefan Lohr
Satz: Satzpunkt Ursula Ewert GmbH, Bayreuth
Druck und Bindung: Korrekt Nyomdaipari Kft.
ISBN 978-3-403-07149-5
www.auer-verlag.de

Inhaltsverzeichnis

Vorwort	6
Unterrichtseinheit 1: Einstieg	7
Hintergrundinformationen	7
Stundenverlauf	8
Arbeitsblatt Unterricht 1: Figuren des Stücks	9
Unterrichtsergebnisse	10
Arbeitsblatt Hausaufgabe 1: I. Akt, 1. Szene	11
Unterrichtseinheit 2: I. Akt, 1. Szene	12
Hintergrundinformationen	12
Stundenverlauf	13
Arbeitsblatt Unterricht 2: Analyse I. Akt, 1. Szene	14
Unterrichtsergebnisse	15
Arbeitsblatt Hausaufgabe 2: I. Akt, 2. bis 4. Szene	16
Unterrichtseinheit 3: I. Akt, 2. bis 4. Szene	17
Hintergrundinformationen	17
Stundenverlauf	18
Arbeitsblatt Unterricht 3: Analyse I. Akt, 2. bis 4. Szene	19
Unterrichtsergebnisse	20
Arbeitsblatt Hausaufgabe 3: I. Akt, 5. bis 7. Szene	21
Unterrichtseinheit 4: I. Akt, 5. bis 7. Szene	22
Hintergrundinformationen	22
Stundenverlauf	23
Arbeitsblatt Unterricht 4: Sprache im Drama	24
Unterrichtsergebnisse	25
Arbeitsblatt Hausaufgabe 4: Württemberg und Carl Eugen	26
Unterrichtseinheit 5: II. Akt, 1. bis 3. Szene	27
Hintergrundinformationen	27
Stundenverlauf	28
Arbeitsblatt Unterricht 5: Kammerdienerszene	29
Unterrichtsergebnisse	30
Arbeitsblatt Hausaufgabe 5: II. Akt, 4. bis 7. Szene	31
Unterrichtseinheit 6: II. Akt, 4. bis 7. Szene	32
Hintergrundinformationen	32
Stundenverlauf	33
Arbeitsblatt Unterricht 6: Inhaltliche Einbettung von Szene II, 6	34
Unterrichtsergebnisse	35
Arbeitsblatt Hausaufgabe 6: Schriftliche Analyse einer Dramenszene	36
Unterrichtseinheit 7: III. Akt, 1. bis 3. Szene	37
Hintergrundinformationen	37
Stundenverlauf	38
Arbeitsblatt Unterricht 7: Figurengestaltung als Zeitkritik	39
Unterrichtsergebnisse	40
Arbeitsblatt Hausaufgabe 7: III. Akt, 4. bis 6. Szene	41

Inhaltsverzeichnis

Unterrichtseinheit 8: III. Akt, 4. bis 6. Szene 42
Hintergrundinformationen 42
Stundenverlauf 43
Arbeitsblatt Unterricht 8: Schlüsselszene III, 4 44
Unterrichtsergebnisse 45
Arbeitsblatt Hausaufgabe 8: IV. Akt, 1. bis 5. Szene 46

Unterrichtseinheit 9: IV. Akt, 1. bis 5. Szene 47
Hintergrundinformationen 47
Stundenverlauf 48
Arbeitsblatt Unterricht 9: Charakteristik Ferdinand 49
Unterrichtsergebnisse 50
Arbeitsblatt Hausaufgabe 9: IV. Akt, 6. und 7. Szene 51

Unterrichtseinheit 10: IV. Akt, 6. und 7. Szene 52
Hintergrundinformationen 52
Stundenverlauf 53
Arbeitsblatt Unterricht 10: Charakteristik Luise 54
Unterrichtsergebnisse 55
Arbeitsblatt Hausaufgabe 10: IV. Akt, 8. und 9. Szene 56

Unterrichtseinheit 11: V. Akt, 1. und 2. Szene 57
Hintergrundinformationen 57
Stundenverlauf 58
Arbeitsblatt Unterricht 11: V. Akt, 1. und 2. Szene 59
Unterrichtsergebnisse 60
Arbeitsblatt Hausaufgabe 11: V. Akt, 3. bis 8. Szene 61

Unterrichtseinheit 12: V. Akt, 7. und 8. Szene 62
Hintergrundinformationen 62
Stundenverlauf 63
Arbeitsblatt Unterricht 12: V. Akt, 7. und 8. Szene 64
Unterrichtsergebnisse 65
Arbeitsblatt Hausaufgabe 12: „Schaubühne als eine moralische Anstalt" 66

Unterrichtseinheit 13: „Schaubühne als eine moralische Anstalt" 67
Hintergrundinformationen 67
Stundenverlauf 68
Arbeitsblatt Unterricht 13: „Schaubühne als eine moralische Anstalt" 69
Unterrichtsergebnisse 70
Arbeitsblatt Hausaufgabe 13: Inszenierungskritik 71

Unterrichtseinheit 14: „Kabale und Liebe" auf der Bühne 72
Hintergrundinformationen 73
Stundenverlauf 74
Arbeitsblatt Unterricht 14: Inszenierungskritik 75
Unterrichtsergebnisse 76
Arbeitsblatt Hausaufgabe 14: Neue Inszenierungen 77

Ideenpool 77
Literaturliste 78
Quellenverzeichnis 79

Inhaltsverzeichnis der CD-ROM

Alle Materialien des Buchs finden Sie auch auf der beiliegenden CD-ROM sowie folgende Inhalte:

Lösungen
Arbeitsblatt Hausaufgabe 1: I. Akt, 1. Szene
Arbeitsblatt Hausaufgabe 2: I. Akt, 2. bis 4. Szene
Arbeitsblatt Hausaufgabe 3: I. Akt, 5. bis 7. Szene
Arbeitsblatt Hausaufgabe 4: Württemberg und Carl Eugen
Arbeitsblatt Hausaufgabe 5: II. Akt, 4. bis 7. Szene
Arbeitsblatt Hausaufgabe 6: Schriftliche Analyse einer Dramenszene
Arbeitsblatt Hausaufgabe 7: III. Akt, 4. bis 6. Szene
Arbeitsblatt Hausaufgabe 8: IV. Akt, 1. bis 5. Szene
Arbeitsblatt Hausaufgabe 9: IV. Akt, 6. und 7. Szene
Arbeitsblatt Hausaufgabe 10: V. Akt, 1. und 2. Szene
Arbeitsblatt Hausaufgabe 11: V. Akt, 3. bis 8. Szene
Arbeitsblatt Hausaufgabe 12: „Schaubühne als eine moralische Anstalt"
Arbeitsblatt Hausaufgabe 13: Inszenierungskritik
Arbeitsblatt Hausaufgabe 14: Neue Inszenierungen

Ideenpool
Arbeitsblatt 1: Lessings „Emilia Galotti"
Arbeitsblatt 2: Schillers Brief vom 24. September 1782 an Carl Eugen
Arbeitsblatt 3: Schiller: Über die tragische Kunst
Arbeitsblatt 4: Kritik der Haußmann-Verfilmung

Klausurvorschläge
Klausurvorschlag 1
Erwartungshorizont Klausurvorschlag 1
Klausurvorschlag 2
Erwartungshorizont Klausurvorschlag 2
Musterlösung Klausurvorschlag 2
Klausurvorschlag 3
Erwartungshorizont Klausurvorschlag 3
Klausurvorschlag 4
Erwartungshorizont Klausurvorschlag 4

Vorwort

Der Band *Unterrichtssequenzen Abiturlektüre Friedrich Schiller: Kabale und Liebe* bietet 14 ausgearbeitete Unterrichtseinheiten, mit denen sich das Stück kompetent und mit wenig Vorbereitung im Unterricht behandeln lässt.

Die **Unterrichtseinheiten** sind dabei immer gleich aufgebaut:

- Die Auftaktseite stellt die Unterrichtsinhalte in einen thematischen Zusammenhang, nennt Hintergrundwissen und ergänzende Informationen.

- Die Folgeseite enthält überblicksartig den möglichen Unterrichtsverlauf und gibt didaktische und methodische Hinweise zur Unterrichtsgestaltung.

- Im Zentrum der Unterrichtseinheit steht ein Arbeitsblatt für die Schüler[1], mit dessen Hilfe sich der thematische Kern der Unterrichtseinheit erarbeiten lässt.

- Das Schülerarbeitsblatt[2] ist ergänzt um eine Übersicht zu den Unterrichtsergebnissen. Hier sind sowohl die Lösungen zu den Arbeitsblättern enthalten als auch mögliche Tafelbilder bzw. andere Formen der Ergebnissicherung.

- Abgeschlossen wird die Einheit durch ein weiteres Schülerarbeitsblatt zur Hausarbeit[3]. Neben der inhaltlichen Weiterarbeit und Lektüre steht hier auch die Wiederholung von Basiswissen (inklusive Schreibtraining) im Mittelpunkt.

Am Ende des Bandes findet sich außerdem ein Ideenpool mit Materialien zur Ergänzung, Vertiefung und Differenzierung.

Alle Arbeitsblätter sowie die Materialien des Ideenpools finden sich veränderbar und an die konkrete Unterrichtssituation anpassbar auch auf der **CD-ROM** zum Band. Die CD-ROM enthält außerdem vier Klausurvorschläge (samt Erwartungshorizont und einer exemplarischen Lösung) sowie Lösungen der Schülerarbeitsblätter zur Hausaufgabe.

Die Materialien des Bandes sind dabei so konzipiert, dass sie auch weitgehend selbstständig durch die Schüler erarbeitet werden können. Der Band kann so nicht nur als Grundlage für eine ganze Unterrichtssequenz zu *Kabale und Liebe* dienen, sondern auch als Materialpool zur Wiederholung und Differenzierung.

Viel Erfolg
Dr. Stefan Schäfer

---

[1] Aufgrund der besseren Lesbarkeit ist in diesem Buch mit Schüler auch immer Schülerin gemeint, ebenso verhält es sich mit Lehrer und Lehrerin etc.
[2] Dieses wird im Buch auch als UAB bezeichnet.
[3] Dieses wird im Buch auch als HAB bezeichnet.

UE 1: Einstieg

Hintergrundinformationen

Neben Gotthold Ephraim Lessings *Emilia Galotti* (1772) ist Friedrich Schillers *Kabale und Liebe* (1784) zum Muster der Gattung bürgerliches Trauerspiel geworden, wobei es jeweils vor allem die Frauenfiguren sind, an denen sich die Machtlosigkeit des Bürgertums zeigt und die das Mitleid der Zuschauer erregen. Das Stück sollte denn auch zunächst nach der Hauptfigur, *Luise Millerin*, benannt werden, doch erhielt es später auf Vorschlag des Mannheimer Theaterdichters und Schauspielers August Wilhelm Iffland (1752–1814) den publikumswirksameren Titel *Kabale und Liebe*.

Im Verzeichnis der dramatischen Personen („dramatis personae") zu *Kabale und Liebe* sind die Figuren nicht nach ihrer Bedeutung im bzw. für das Stück, sondern, der damaligen Theaterpraxis entsprechend, nach dem gesellschaftlichen bzw. sozialen Stand (und dem Geschlecht) geordnet (vgl. zum Personenverzeichnis auch UAB 1). Die Hauptfigur Luise findet sich so erst fast am Schluss. Bezeichnend ist, dass Millers Frau namenlos bleibt und als „*dessen Frau*" eingeführt wird. Auch Luise wird über die Figur Miller bestimmt (vgl. „*dessen Tochter*" statt etwa „ihre/deren Tochter").

Ganz oben im Verzeichnis steht Präsident von Walter. Als Präsident ist er direkt dem (absolutistisch herrschenden) Fürsten, von dem er seine Befehle empfängt, unterstellt und fungiert als höchste Instanz der Exekutive. Es folgt Präsident von Walters Sohn Ferdinand, der den Majorsrang innehat und damit zu den Stabsoffizieren gehört (wie man in I, 7 von Präsident Walter erfährt, ist Ferdinand erst 20 Jahre alt und nimmt dafür einen vergleichsweise hohen militärischen Rang ein: „Wo zehn andere mit aller Anstrengung nicht hinaufklimmen, wirst du spielend, im Schlafe gehoben. Du bist im zwölften Jahre Fähndrich. Im zwanzigsten Major. Ich habe es durchgesetzt beim Fürsten.").

An nächster Stelle im Personenverzeichnis steht Hofmarschall von Kalb. Das Amt des Hofmarschalls ist nach dem Präsidentenamt das wichtigste am Fürstenhof. Der Hofmarschall ist der höchste Verwaltungsbeamte und als solcher für den fürstlichen Haushalt und das Hofzeremoniell zuständig.

Mit Lady Milford findet sich in der Auflistung nun die erste Frau. Als „Favoritin des Fürsten" ist sie gewissermaßen dessen offizielle Geliebte, was ihr – freilich inoffiziell – eine erhebliche Machtfülle verleiht, wie später im Stück (vgl. unter anderem Szene I, 5: „Er weiß, Wurm, wie sehr sich mein Ansehen auf den Einfluss der Lady stützt …") deutlich wird. Vor dem Musikus Miller steht schließlich noch der „Haussekretär des Präsidenten" Wurm, modern gesprochen also dessen persönlicher Sekretär bzw. Referent.

Das Personenverzeichnis deutet so auch an, dass *Kabale und Liebe* neben Elementen der Liebestragödie zugleich wesentliche Züge eines politischen Tendenzstückes aufweist.

UE 1: Einstieg

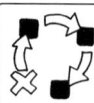

Stundenverlauf

Voraussetzung: –

benötigte Materialien: –

Unterrichts-phasen	Zeit	Inhalte	Didaktisch-methodische Hinweise	Kompetenzen
Phase 1 Einstieg	13	Einstieg: Ankündigung der neuen Lektüre – Austausch über eventuelles Vorwissen (zum Autor, zum Stück, zur Gattung bürgerliches Trauerspiel und zur Epoche Sturm und Drang)	Lehrervortrag, Unterrichtsgespräch	sich sachbezogen austauschen
Phase 2 Erarbeitung I	15	Erarbeitung der Chodowiecki-Illustration zu I, 4 (→ UAB 1, Aufgabe 1)	Unterrichtsgespräch, Standbild	ein Bild beschreiben
Phase 3 Erarbeitung II/ Transfer	30	wahrscheinliche Inhalte des Stücks erschließen (→ UAB 1, Aufgabe 2)	Gruppenarbeit, anschließend Klassendiskussion	Bildern und Texten Informationen entnehmen und vergleichend bewerten
Phase 4 Erarbeitung III	10	Begriff der (nicht) standesgemäßen Beziehung erläutern und diskutieren (→ UAB 1, Aufgabe 3)	Klassendiskussion Die Aufgabe soll einen Bezug des Stücks zur Welt der Schüler herstellen. Zu bedenken ist, dass der Einstieg in das Stück – schon aus sprachlichen Gründen – nicht leicht ist und deshalb entsprechend motivierend gestaltet werden sollte.	sich sachbezogen austauschen; begründet Stellung beziehen
Phase 5 Sicherung	20	einen inneren Monolog verfassen (→ UAB 1, Aufgabe 4)	Einzelarbeit der Schüler Aufgabe auch als Partnerarbeit sinnvoll, wenn lernstärkere und -schwächere Schüler zusammenarbeiten; wichtig ist, dass die Arbeitsergebnisse aus den Aufgaben 1 bis 3 in den inneren Monolog einfließen	sich in eine Figur versetzen; einen inneren Monolog schreiben
Phase 6	2	ggf. Hinweise zur Bearbeitung von HAB 1		

UE 1: Einstieg

UAB 1

1. Beschreiben Sie die Illustration zum 1. Akt, 4. Szene von *Kabale und Liebe* möglichst genau. Stellen Sie das Bild dazu zunächst paarweise nach.

2. Leiten Sie aus dem Titel („Kabale" bedeutet „Intrige"), der Illustration und dem Personenverzeichnis ab, worum es in dem Stück *Kabale und Liebe* von Friedrich Schiller gehen könnte.

Illustration aus dem Jahr 1786 zum
1. Akt, 4. Szene von „Kabale und Liebe"
von Daniel Chodowiecki (1726–1801)

KABALE UND LIEBE

Ein bürgerliches Trauerspiel

PERSONEN

Präsident von Walter, *am Hof eines deutschen Fürsten*
Ferdinand, *sein Sohn, Major*
Hofmarschall von Kalb
Lady Milford, *Favoritin des Fürsten*
Wurm, *Haussekretär des Präsidenten*
Miller, *Stadtmusikant oder, wie man sie an einigen Orten nennt, Kunstpfeifer*
Dessen Frau
Luise, *dessen Tochter*
Sophie, *Kammerjungfer der Lady*
Ein Kammerdiener des Fürsten
Verschiedene Nebenpersonen

3. Erläutern Sie anhand von Beispielen, was man unter einer nicht standesgemäßen Beziehung bzw. Verbindung versteht. Diskutieren Sie, ob (bzw. inwieweit) dieser Begriff heute noch zeitgemäß ist.

4. **Weiterführende Aufgabe:** Verfassen Sie aus Sicht der auf der Illustration zum 1. Akt, 4. Szene dargestellten Frau einen inneren Monolog.

UE 1: Einstieg

Unterrichtsergebnisse

Unterrichts-phasen	Ergebnisse (Erwartungen)
Phase 2 = UAB 1, Aufgabe 1	• Raum: rechts hinten Musikinstrumente (Geige, Schellenkranz, Violoncello) → Zimmer im Hause des Musikus; links hinten ein mit Stoff umgrenzter Treppenaufgang (?); zwei Stühle hinter bzw. neben den Personen • Mädchen: mit Kopfbedeckung und einem knöchellangen weißen Kleid → vermittelt einen einfachen, aber sauberen, sittsamen Eindruck; legt die Hände vor dem Schoß zusammen; sieht den Mann leicht von unten aus an • Mann: in Uniform mit hohen Reiterstiefeln; den Hut unter dem rechten Arm; die linke Hand liegt auf der Brust • Figuren im Raum: mit einem für „Liebende" deutlichen Abstand zueinander
Phase 3 = UAB 1, Aufgabe 2	Hier sollte auch festgehalten werden, was tatsächlich nicht stimmt (solange die Annahme nachvollziehbar begründet ist) – Beispiele: • Die „Liebe" des Titels besteht zwischen Luise (Szene spielt im Hause Millers) und Ferdinand (der Mann trägt Uniform). • Das Textzitat (vgl. „ … mich zwischen dich und das Schicksal werfen") legt nahe, dass Luise aus Standesvernunft Zweifel an der Beziehung zu Ferdinand hegt, aber auch auf Ferdinand vertraut (ihr Blick); Ferdinand selbst scheint entweder ein mutiger, selbstloser oder naiver Mensch oder aber ein Lügner zu sein. • Die „Kabale" des Titels sowie die Tatsache, dass Ferdinand der Sohn des ranghöchsten Staatsbeamten ist, legen nahe, dass Präsident von Walter (vielleicht auch Lady Milford) an der Intrige beteiligt ist. • Mit „von Kalb" und „Wurm" werden zwei abwertende Namen der Welt des Hofes zugeordnet, was auf eine kritische Haltung zum Fürstenhof schließen lässt (ähnlich könnte auch das Auftreten der „Favoritin" gedeutet werden).
Phase 4 = UAB 1, Aufgabe 3	nicht standesgemäße Verbindung = Verbindung (Ehe) zwischen Adligen und Nichtadligen (bzw. zwischen Angehörigen des hohen und des niederen Adels) Diskussionsaspekte könnten sein: • nicht standesgemäße Verbindungen außerhalb des Hochadels sind unproblematisch • heute ist „Liebesheirat" vorherrschend (zumindest als gesellschaftliches Ideal der westlichen Welt) • Argumente für Liebes- und Argumente für Vernunftsehen • gesellschaftliche Realität von Verbindungen, die selten standes- bzw. schichtübergreifend eingegangen werden
Phase 5 = UAB 1, Aufgabe 4	Neben den inhaltlichen Aspekten (vgl. Aufgabe 1 bis 3) wäre auch auf die Form zu achten (vor allem auf die Einhaltung der Ich-Perspektive sowie auf die sprachliche Angemessenheit).

UE 1: Einstieg

HAB 1

1. Lesen Sie vorbereitend auf die nächste Stunde gründlich die Szene I,1 aus *Kabale und Liebe*. Nutzen Sie die folgenden Wort- und Sacherklärungen.

- *Handel*: hier Sache, Angelegenheit
- *ins Geschrei kommen*: es wird Gerede, Gerüchte geben
- *dem Junker ausbieten*: dem Junker (= jungen Adligen) das Haus verbieten
- *koram nehmen*: (von lat. *coram* „in Gegenwart") Vorhaltungen machen
- *auftrumpfen*: deutlich die Meinung sagen
- *mit einem Wischer hinausbringen*: es mit einer Ermahnung hinter sich bringen
- *Wetter*: Unglück
- *Profession*: Geschäft, Tätigkeit, Beruf
- *Scholaren*: hier Schüler
- *Kommerz*: Handel
- *das Mädel nehmen*: hier im Sinne von heiraten
- *Musje von*: „Musje" von franz. *Monsieur* „Herr"; „von" als Adelsprädikat
- *sich herumbehelfen*: Liebesabenteuer suchen
- *was all(es) lösen*: hier sich Geschlechtskrankheiten einfangen
- *auf süß(es) Wasser graben*: auf frisches, unverbrauchtes Wasser aus sein, d.h. eine frische, unverbrauchte Liebe genießen
- *aus jedem Astloch*: Astlöcher in den Holzwänden und -türen, um die beiden zu beobachten
- *vor jedem Blutstropfen Schildwache stehen*: jeden Tropfen Blut in den Adern des Mädchens (der in Leidenschaft geraten könnte) bewachen
- *dem Mädel eins hinsetzen*: dem Mädchen ein Kind machen
- *verschimpfiert*: für unehrenhaft gehalten werden
- *das Handwerk verschmecken*: Freude am Handwerk (hier als Prostituierte) haben
- *einen netten Fuß führen*: einen schönen Gang haben
- *Springinsfeld*: lebhafter und leichtsinniger junger Mensch
- *Rodney*: Georges Brydges Rodney (1718–1792), englischer Admiral, der erfolgreich gegen die französische Flotte gekämpft hatte
- *Billetter*: Briefe
- *silberne Mond*: Anspielung auf ein beliebtes lyrisches Motiv der damaligen Zeit
- *den Witz davon haben*: den Sinn erfasst haben
- *rohe Kraftbrühen der Natur*: hier das unverfälschte Wesen von Luise
- *Makronenmagen*: Magen, der nur Kuchen gewöhnt ist
- *Pestillenzküche*: zu lat. *pestilentia* „Pest, schlimme ansteckende Krankheit"
- *Bellatristen*: Autoren schöngeistiger Bücher
- *Alfanzereien*: Albernheiten, Unsinn
- *spanische Mucken*: „spanische Fliegen", aus einer Käferart gewonnenes Reiz- und Potenzmittel
- *verschlägt einen Schwiegersohn*: um einen Schwiegersohn bringen
- *muss die Pastete auf den Herd*: muss die Angelegenheit erledigt werden
- *Präsenter*: Geschenke
- *Kaffee ... das Tobakschnupfen*: Kaffee und Tabak waren damals Luxusgüter
- *vertrackter Tausendsassa*: hier im Sinne von verfluchter, unzuverlässiger Mensch
- *disguschtüren*: Verballhornung von *disgustieren* (von franz. *dégoûter* „den Geschmack verderben")
- *plüschenen Rock*: Mantel aus Wollsamt

UE 2: I. Akt, 1. Szene

Hintergrundinformationen

Das Trauerspiel *Kabale und Liebe* ist geradezu ein Musterbeispiel für ein sogenanntes Zieldrama (oder: synthetisches Drama), bei dem am Beginn der Darstellung ein bestimmter Vorfall bzw. ein bestimmter Vorgang steht, der Auslöser für das weitere Geschehen ist und über den sich die weitere Handlung entfaltet (im Gegensatz zum sogenannten analytischen Drama, wie etwa die beiden Schillerdramen *Braut von Messina* und *Maria Stuart*, bei dem das dargestellte Geschehen auf einen bestimmten Vorfall in der Vorgeschichte aufbaut, von dem zunächst, wenn überhaupt, nur die Auswirkungen erkennbar sind und dessen Ursache erst im Verlauf der Handlung Schritt für Schritt enthüllt wird). Zugleich ist *Kabale und Liebe* streng symmetrisch komponiert und folgt im Aufbau dem Fünf-Akt-Schema des Dramas (vgl. dazu HAB 2).

Es bietet sich deshalb an, parallel zur Lektüre des Stücks gleich dessen Inhalt und Aufbau (vgl. dazu den Merke-Kasten in UAB 2) nachzuzeichnen. Die Schüler könnten dazu folgendes Tabellenmuster übernehmen und fortlaufend ergänzen (die Spalte „Bemerkungen" kann dabei ganz individuell durch die Schüler gestaltet werden und z. B. auch persönliche Wertungen, spontane Leseeindrücke oder Fragen an den Text enthalten):

Akt, Szene	Schauplatz, Figuren	Aufbau/Inhalt	Bemerkungen
I, 1	Zimmer beim Musikus: Miller, dessen Frau	Exposition Streit zwischen Miller und dessen Frau über die Bewertung der Beziehung ihrer Tochter Luise zum Präsidentensohn Ferdinand; Miller, der gegen die Beziehung ist, will zum Präsidenten gehen, um mit dessen Hilfe die Beziehung zu unterbinden.	Miller erscheint als „Herr im Haus", der für Luise einen „wackeren Schwiegersohn" gewinnen möchte.
I, 2	Zimmer beim Musikus: Miller, dessen Frau, Wurm	Exposition Im Gespräch zwischen Miller und Wurm wird deutlich, dass Wurm Luise heiraten will; er dient sich als Schwiegersohn an, Miller will seine Tochter aber nicht zur Heirat zwingen; durch Millers Frau erfährt Wurm von Luises Beziehung zu Ferdinand.	Millers Frau ist ganz vernarrt in die Idee, dass Luise zu „Höherem" geboren ist; Wurm macht einen unsympathischen Eindruck.
I, 3	Zimmer beim Musikus: Luise, Miller, dessen Frau	Exposition …	…
…			

UE 2: I. Akt, 1. Szene

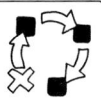

Stundenverlauf

Voraussetzung: Szene I, 1 ist gelesen worden

benötigte Materialien: –

Unterrichts-phasen	Zeit	Inhalte	Didaktisch-methodische Hinweise	Kompetenzen
Phase 1 Sicherung	8	mündliche Zusammenfassung von Szene I, 1 (→ UAB 2, Aufgabe 1)	Unterrichtsgespräch Aufgabe dient lediglich der Verständnissicherung	einen literarischen Text zusammenfassen
Phase 2 Erarbeitung I	20	Vorgeschichte erarbeiten (→ UAB 2, Aufgabe 2)	Einzelarbeit der Schüler, anschließend Unterrichtsgespräch Im Zusammenhang mit der Erarbeitung der Aufgabe sollten die Schüler auch den Merke-Kasten zum Fünf-Akt-Schema des Dramas auf UAB 2 lesen.	Texten Informationen entnehmen
Phase 3 Erarbeitung II	30	Untersuchung des Gesprächs: Erarbeitung und Bewertung der Gründe von Miller und dessen Frau (→ UAB 2, Aufgabe 3)	Partnerarbeit (ggf. lernstärkere und -schwächere Schüler mischen), anschließend Unterrichtsgespräch Die Diskussion der Gründe dient bereits der Vorbereitung auf eine erste Charakterisierung von Miller (vgl. dazu UAB 3).	Texten Informationen entnehmen und bewerten
Phase 4 Sicherung/ Transfer	35	Konflikt zwischen Miller und dessen Frau in die heutige Zeit übertragen (→ UAB 2, Aufgabe 4)	Gruppenarbeit mit Präsentation der Arbeitsergebnisse, ggf. anschließend Diskussion Die Aufgabe dient einerseits der Verständnissicherung, hat aber auch einen motivierenden Aspekt (vgl. Ergebnisse UE 2), d.h. es darf auch einmal etwas lustiger (und lauter) zugehen.	eine Konfliktsituation übertragen; sich sachbezogen austauschen; begründet Stellung beziehen
Phase 5	2	ggf. Hinweise zur Bearbeitung von HAB 2		

UE 2: I. Akt, 1. Szene

UAB 2

1. Fassen Sie den Inhalt der Szene I, 1 mit Ihren eigenen Worten knapp zusammen.

2. Stellen Sie dar, was vor dieser Szene geschehen sein muss.

MERKE

Dramen sind oft nach einem **Fünf-Akt-Schema** konzipiert, bei dem folgende Handlungselemente den Akten zugeordnet sind:

- **Akt I = Exposition** (Protase): Die handelnden Personen werden eingeführt, der dramatische Konflikt kündigt sich an. Ggf. wird die Vorgeschichte dargestellt.
- **Akt II = steigende Handlung** (Komplikation, Epitase): Der Konflikt entwickelt sich (oft mehrstufig), in der Regel durch ein sogenanntes „erregendes Moment" (Katastase).
- **Akt III = Höhepunkt** (Klimax): Der Konflikt kommt zum Ausbruch, seine Unlösbarkeit wird zum entscheidenden Wendepunkt (Peripetie) im Schicksal einer Figur.
- **Akt IV = fallende Handlung**: Handlung wird zum scheinbar unvermeidlichen Schluss geführt; oft wird die Katastrophe durch ein retardierendes Moment (z.B. Hoffnung auf eine Lösung des Konflikts) hinausgezögert, das zugleich die Spannung steigert.
- **Akt V = Katastrophe** (bzw. Lösung = Lysis, Dénouement): Handlungskonflikt führt entweder zum Untergang des Helden (bzw. zu einer schlimmen Folge für die Figuren) oder alle Konflikte werden gelöst und die Handelnden sind (wie z.B. in Lessings *Nathan der Weise*) geläutert.

3. Benennen Sie aus dem Text heraus, weshalb Miller und dessen Frau jeweils für bzw. gegen die Beziehung zwischen Luise und Ferdinand sind. Füllen Sie dazu die Tabelle aus. Diskutieren Sie anschließend in der Klasse, wie Sie diese Gründe bewerten.

weshalb Miller gegen die Beziehung ist	weshalb Millers Frau für die Beziehung ist

4. Übertragen Sie den Konflikt zwischen Miller und dessen Frau in die heutige Zeit, indem Sie Personen und Handlung entsprechend anpassen (Ferdinand könnte also z.B. auf „Billeter" ganz verzichten oder auch SMS schreiben). Arbeiten Sie in Gruppen und entwerfen Sie stichwortartig ein (verkürztes) Personenverzeichnis sowie eine mögliche Auftaktszene. Stellen Sie anschließend Ihre Arbeitsergebnisse in der Klasse vor.

UE 2: I. Akt, 1. Szene

Unterrichtsergebnisse

Unterrichts-phasen	Ergebnisse (Erwartungen)
Phase 1 = UAB 2, Aufgabe 1	Deutlich werden sollte (ggf. auch als Tafelanschrieb): • zwischen Ferdinand und Luise besteht eine nicht standesgemäße Beziehung • unterschiedliche Bewertung dieser Beziehung durch Miller (dagegen) und dessen Frau (dafür) • Millers geplanter Gang zum Präsidenten
Phase 2 = UAB 2, Aufgabe 2	Vorgeschichte: • Ferdinand hat Luise Briefe („Billeter") geschrieben, Bücher gegeben und verhältnismäßig wertvolle Geschenke (vgl. „Wie manchen schönen Groschen haben uns nur die Präsenter – ") gemacht. • Miller und seine Frau müssen schon öfter über die Beziehung gesprochen haben (vgl. „Einmal für allemal."). • Miller hat zumindest einmal mit Luise über deren Beziehung zu Ferdinand gesprochen, wenn auch aus seiner Sicht nicht ernsthaft genug (vgl. „Ich hätt` meine Tochter <u>mehr</u> koram nehmen sollen.").
Phase 3 = UAB 2, Aufgabe 3	**Tafelanschrieb:** | **weshalb Miller gegen die Beziehung ist**	**weshalb Millers Frau für die Beziehung ist**
• hat Angst vor dem schlechten Ruf für sein Haus • Ferdinand kann Luise nicht zur Frau nehmen, als bloße Geliebte ist Luise zu schade. • hat Angst um Luise, die ihr Leben als ehemalige Geliebte unehrenhaft verbringen muss • Luise würde religiöse Gebote verletzten. • bringt ihn um einen anständigen Schwiegersohn	• Miller ist beruflich unabhängig, ihm kann niemand schaden. • denkt (behauptet), Ferdinand ist es um die „schöne Seele" Luises zu tun • kann die Geschenke Ferdinands an Luise zu Geld machen • fühlt sich durch die hohe Verbindung geschmeichelt (erhofft sich soziales Prestige) | Bewertung: • Die Gründe von Millers Frau sind entweder nur vorgeschoben oder aber – abgesehen davon, dass sich die Mutter durch das Interesse Ferdinands an ihrer Tochter geschmeichelt fühlt – von erheblicher Naivität. • Die Gründe Millers zeigen einerseits ein Interesse am Wohlergehen der Tochter (ihre Zukunft, ihr Seelenheil), belegen aber auch egoistische Tendenzen. Ob Miller letztlich mehr um seine Tochter oder mehr um sich besorgt ist, kann zwar diskutiert, aber hier noch nicht abschließend bewertet werden.
Phase 4 = UAB 2, Aufgabe 4	• mögliche heutige Grundkonstellation: Miller als einfacher Arbeiter/Angestellter; der Sohn des Geschäftsführers des Konzerns, in dem Miller angestellt ist, macht seiner Tochter Avancen. • Wichtig ist, dass die Schüler erkennen, dass der Konflikt für ihr Leben nicht völlig wirklichkeitsfremd ist.

UE 2: I. Akt, 1. Szene

HAB 2

1. Lesen Sie den folgenden Lexikonartikel und halten Sie stichwortartig fest:
   a) Merkmale des bürgerlichen Trauerspiels allgemein
   b) Informationen zu *Kabale und Liebe* im Besonderen
   c) Etappen der Entwicklung des bürgerlichen Trauerspiels

Bürgerliches Trauerspiel, ein Drama, dessen Tragik sich nicht mehr in der Welt von Hof, Staat und Politik, sondern unter Privatpersonen mit ihren eigenen ethischen Prinzipien in einer betont bürgerlichen Welt entfaltet, und zwar im Kampf gegen die Unterdrückung durch den Adel, in Konflikten innerhalb des Standes, die eine innere Tragik enthüllen, oder im Zusammen-
5 stoß mit dem aufkommenden Arbeiterstand, der an der Brüchigkeit bürgerlicher Weltordnung Kritik übt. Diese drei grundsätzlichen Möglichkeiten folgen in geschichtlicher Reihenfolge und spiegeln die Entwicklung des Bürgertums wider. Die Form des bürgerlichen Trauerspiels ist durchweg die Prosa. Die Verwendung bürgerlicher Personen, Geschicke und Lebensauffassung im Trauerspiel war nicht zu allen Zeiten selbstverständlich. […] Auf dem Kontinent herrschte
10 bis in die Mitte des 18. Jh. die Ständeklausel, die dem Bürger die Fähigkeit zum Tragischen und dem bürgerlichen Trauerspiel die Fallhöhe abspricht. […] Das bürgerliche Trauerspiel entwickelt sich mit dem Umschwung von der sozialen zur ethischen Wertung des Menschen zuerst in England unter dem dort früher erstarkten, emanzipierten Bürgertum: G. LILLO, *The London Merchant* (1731), und RICHARDSONS moralische Sittenromane übten starken Einfluss auf
15 den Kontinent aus. […]
Der Schöpfer des deutschen bürgerlichen Trauerspiels wurde nach Vorgang von Chr. L. MARTINIS *Rhynsolt und Sapphira* (1753) LESSING; nach englischem Vorbild und in kritischer Abgrenzung gegen die französische Tragödie entsteht 1755, zunächst noch in englischem Milieu spielend, *Miß Sara Sampson* und erlebt zahlreiche moralisierende Nachahmungen in der Zeit bis
20 1772. Auf der anderen Seite führt seine *Minna von Barnhelm* (1767) als eines der ersten Lustspiele auch den Adel auf die Bühne. Der tragische Zusammenstoß von Bürgertum und Adelswillkür erscheint zuerst in LESSINGS *Emilia Galotti* 1772, dem ersten Höhepunkt des bürgerlichen Trauerspiels: scharfer Protest gegen absolutistische Willkür führt aus den rührenden Familienszenen in den größeren Zusammenhang staatspolitischer und sozialer Probleme. Die
25 Reihe der bürgerlichen Trauerspiele, die gegen Übergriffe des Adels auf das preisgegebene Bürgertum in radikaler Form Stellung nehmen und die Auflehnung des Individuums gegen die Gesellschaft verherrlichen, setzt sich in den zahlreichen, doch – unter falscher Berufung auf GOETHES *Götz* – oft formlosen Sozialdramen des Sturm und Drang fort (LENZ, KLINGER, H. L. WAGNER) und findet ihre sprachlich und dramatisch geschlossenste Ausformung in
30 SCHILLERS *Kabale und Liebe* (1783). […]
Die 2. Stufe des bürgerlichen Trauerspiels setzt Jahrzehnte später mit HEBBELS *Maria Magdalena* (1844) ein: kleinbürgerliche Moral und pedantisches Pflicht- und Ehrgefühl wenden sich gegen ihre Träger selbst und führen zu Konflikten innerhalb desselben Standes aus seinem Wesen heraus: das Individuum als Opfer der eigenen Gesellschaft. […]
35 Auf der 3. Stufe des bürgerlichen Trauerspiels deckt der Naturalismus gesellschaftskritisch die Lebenslüge des selbstzufriedenen Bürgertums auf und vertritt ihm gegenüber oft die Forderungen des rechtlosen Arbeiterstandes (IBSEN, HAUPTMANN); damit wird das bürgerliche Trauerspiel zur sozialen Dichtung im engeren Sinne. […]

2. Lesen Sie vorbereitend auf die nächste Stunde die Szenen 2 bis 4 des I. Aktes von *Kabale und Liebe*.

UE 3: I. Akt, 2. bis 4. Szene

Hintergrundinformationen

Hinsichtlich der Bewertung der ersten Szenenfolge I, 1 bis I, 4 ist ein Blick auf die Gesamtanlage des Dramas sinnvoll. Mit Blick auf die Figuren zeigt sich zum einen, dass es neben Luise und Ferdinand noch eine weitere Figur gibt, die in allen fünf Akten auftritt, nämlich den Präsidenten (die drei Figuren sind in der Übersicht fett gedruckt); zum anderen, dass Millers Frau von untergeordneter Bedeutung ist (sie tritt nach dieser Szenenfolge nur noch einmal in der zweiten Hälfte des II. Aktes auf, danach nicht mehr). Da Miller selbst zwar noch einmal zentral im V. Akt erscheint, in den Akten III. und IV. jedoch keine Auftritte mehr hat, scheint ein früher Blick auf die Gestaltung dieser Figur lohnend (vgl. UAB 3).

	Ort	Personen	Ort	Personen
I. Akt	I, 1 – I, 4: Zimmer beim Musikus	I, 1 – I, 4: Miller, Frau, *Wurm*, **Luise**, *Ferdinand*	I, 5 – I, 7: *Saal beim Präsidenten*	I, 5 – I, 7: ***Präsident***, *Wurm*, *von Kalb*, *Ferdinand*
II. Akt	II, 1 – II, 3: *Saal im Palais der Lady Milford*	II, 1 – II, 3: *Lady Milford, Sophie, Kammerdiener, Ferdinand*	II, 4 – II, 7: Zimmer beim Musikanten	II, 4 – II, 7: Miller, Frau, **Luise**, *Ferdinand*, ***Präsident***, *Gerichtsdiener*
III. Akt	III, 1 – III, 3: *Saal beim Präsidenten*	III, 1 – III, 3: ***Präsident***, *Wurm*, *von Kalb*	III, 4 – III, 6: Zimmer in Millers Wohnung	III, 4 – III, 6: **Luise**, *Ferdinand*, *Wurm*
IV. Akt	IV, 1 – IV, 5: *Saal beim Präsidenten*	IV, 1 – IV, 5: *Ferdinand*, *Kammerdiener*, *von Kalb*, ***Präsident***	IV, 6 – IV, 9: *Saal bei der Lady*	IV, 6 – IV, 9: *Lady Milford, Sophie*, **Luise**, *Kammerdiener, von Kalb, Bediente*
V. Akt	V, 1 – V, 8: Zimmer beim Musikanten	V, 1 – V, 8: **Luise**, *Ferdinand*, Miller, ***Präsident***, *Wurm*, Volk, Bediente, Gerichtsdiener		

Mit Blick auf den Aufbau des Stückes (zur Komposition siehe auch UE 8 sowie UE 13) macht die Übersicht deutlich, dass die ersten drei Akte jeweils zwei Handlungsteile haben, die äußerlich durch die unterschiedlichen Schauplätze, nämlich durch die Welt des Hofes und durch die bürgerliche Welt (Figuren und Handlungsorte der Welt des Hofes sind kursiv gedruckt), gekennzeichnet sind.

Die Anlage des Stückes legt so nahe, die Exposition schon mit Szene I, 4 als abgeschlossen anzusehen, die Komplikation (das erregende Moment) läge dann bereits im Eintritt in die Welt des Hofes.

UE 3: I. Akt, 2. bis 4. Szene

Stundenverlauf

Voraussetzung: Szenen I, 2 bis I, 4 sind gelesen worden

benötigte Materialien: –

Unterrichts-phasen	Zeit	Inhalte	Didaktisch-methodische Hinweise	Kompetenzen
Phase 1 Sicherung	8	Merkmale und Entwicklung des bürgerlichen Trauerspiels (→ HAB 2, Aufgabe 1)	Unterrichtsgespräch (zu den Lösungen von HAB 2 vgl. ◉)	Sachtexten Informationen entnehmen und wiedergeben
Phase 2 Erarbeitung	50	Figuren Miller, Luise, Wurm und Ferdinand charakterisieren (→ UAB 3, Aufgabe 1)	Einzelarbeit der Schüler, anschließend Expertengruppen. In der Phase der Gruppenarbeit sollte lehrerseitig unterstützend eingegriffen werden. Nach der Gruppenarbeitsphase wären die Ergebnisse im Plenum vorzustellen.	literarische Figuren charakterisieren; Informationen mündlich präsentieren
Phase 3 Sicherung/ Transfer	30	begründete Vermutungen über den weiteren Handlungsverlauf anstellen (→ UAB 3, Aufgabe 2)	Gruppenarbeit, anschließend Ergebnispräsentation und Diskussion im Plenum. Die Aufgabe soll zum einen das Verständnis der Exposition sicherstellen, zum anderen aber auch neugierig auf den tatsächlichen weiteren Verlauf machen. Wichtig ist, dass die Schüler ihre Vermutungen textbasiert entwickeln (Gruppenarbeit kann ggf. wieder unterstützt werden).	einen Handlungsverlauf antizipieren; textgestützt argumentieren
Phase 4	2	ggf. Hinweise zur Bearbeitung von HAB 3		

UE 3: I. Akt, 2. bis 4. Szene

UAB 3

1. Charakterisieren Sie stichwortartig jeweils eine der Figuren Miller, Luise, Wurm und Ferdinand.

   Gehen Sie so vor: Teilen Sie sich in der Klasse so auf, dass jede Figur von etwa gleich vielen Schülern untersucht wird. Nach etwa zehn Minuten bilden die Schüler, die dieselbe Figur untersucht haben, eine Gruppe, in der sie ihre Arbeitsergebnisse austauschen, diskutieren und eine Tabelle nach folgendem Muster anlegen:

Merkmale/Eigenschaften Figur X	Belege im Text

MERKE

Bei der **Charakterisierung einer literarischen Figur** können, je nach Zweck und/oder Aufgabenstellung, entweder einzelne, auffällige Charakterzüge einer Figur oder die Figur auch umfassend dargestellt werden.

Neben den Charaktereigenschaften im engeren Sinne sollte die Charakteristik einer literarischen Figur auch auf folgende Aspekte eingehen:

- persönliche Daten, z. B.: Name, Alter, Beruf, Wohnort, …
- äußere Erscheinung, z. B.: Größe, Figur, Gesicht, Kleidung, …
- Lebensumstände, z. B.: Familienstand, Einrichtung der Wohnung, Hobbys, …
- typische Verhaltensweisen, z. B.: Bewegungen, Gesichtsausdruck, typische Gesten, …
- Verhältnis zu anderen Figuren

Im Text kann dabei der Charakter einer Figur auf zwei unterschiedliche Arten dargestellt werden, nämlich:

- direkt, d. h. Benennen einer Eigenschaft entweder durch den Erzähler (bzw. im Drama in den Regieanweisungen), der Figur selbst (z. B. MILLER. … ich bin halt ein plumper gerader teutscher Kerl … I, 2) oder durch eine andere Figur (z. B. FRAU [über Miller]. Wie du doch den Augenblick in Feuer und Flammen stehst! I, 1.) – Beachten Sie dabei, dass Zuschreibungen von Figuren nicht notwendig richtig sein müssen.
- indirekt, d. h. ein Charakterzug ist aus Verhaltensweisen zu erschließen, bzw. daraus, wie sich jemand in bestimmten Situationen verhält (z. B. zeigt die Szene I, 1 insgesamt die aufbrausende Art Millers)

2. Bilden Sie neue Gruppen, und zwar so, dass in jeder Gruppe mindestens ein „Experte" für jede Figur beteiligt ist.

   Entwickeln Sie gemeinsam Ideen, wie das Stück weitergehen könnte. Belegen Sie Ihre Ideen möglichst konkret durch den Text. Stellen Sie anschließend Ihre Ideen im Plenum vor und diskutieren Sie darüber.

UE 3: I. Akt, 2. bis 4. Szene

Unterrichtsergebnisse

Unterrichts-phasen	Ergebnisse (Erwartungen)
Phase 2 = UAB 3, Aufgabe 1	Hier muss noch keine Vollständigkeit angestrebt werden; wichtig ist, dass die Schüler ein erstes konkretes Bild von den Figuren entwickeln. **Miller** • verheiratet, eine Tochter, Berufsmusiker • aufbrausender Charakter (vgl. z.B.: I, 2: „*aufgebracht, springt nach der Geige*") • sorgt sich einerseits um seine Tochter, aber auch um sich selbst (d.h. durchaus auch egoistisch) • ist autoritär, aber nicht so sehr, dass er Luise in eine Ehe zwingt **Wurm** • Sekretär bei Präsident Walter mit gutem Auskommen • wenig ansehnlich (vgl. I, 2: „Mann fürs Orchester") • ein „Hasenfuß" (vgl. I, 2; d.h. er will Luise über die Eltern gewinnen), dadurch hat er, wie der Name andeutet, auch etwas „Kriecherisches" **Luise** • jung und schön • „fromme christliche Frau" (vgl. Wurm in I, 2) • liebt Ferdinand, erkennt aber zugleich (vgl. I, 3: „ich entsag ihm für dieses Leben.") die gesellschaftliche Unmöglichkeit der Beziehung • mit reiner Seele (vgl. I, 3: „rechnet man Tränen für Triumphe und schöne Gedanken für Ahnen"), aber zugleich mit „wilden Wünschen" (vgl. I, 4) **Ferdinand** • adeliger Major • liebt Luise (vgl. I, 4: „Ich will ... auffassen für dich jeden Tropfen aus dem Becher der Freude – dir ihn bringen in der Schale der Liebe. (*Sie zärtlich umfassend.*)") • furchtlos (vgl. I, 4: „Ich fürchte nichts – nichts – als die Grenzen deiner Liebe.") und voller Enthusiasmus (voller naiver Begeisterung)
Phase 3 = UAB 3, Aufgabe 2	Mögliche Aspekte: • Wurm hat ein großes Interesse daran, dass es nicht zur Verbindung zwischen Ferdinand und Luise kommt; da er außerdem als Privatsekretär des Präsidenten diesen gut kennt, könnte er seine Beziehung nutzen. • Ferdinand wird auf seiner Liebe (die schon in der Exposition durchaus egoistische Züge zeigt) zu Luise bestehen und könnte sich dabei tatsächlich auch gegen seinen Vater stellen (vgl. I, 4: „Wer als die Liebe kann mir die Flüche versüßen, die mir der Landeswucher meines Vaters vermachen wird."). • Luises Zerrissenheit (vgl. I, 3: „der Himmel und Ferdinand reißen an meiner blutenden Seele") wird sich steigern (zumal auch ihr Vater gegen die Verbindung ist). • Miller könnte sich an den Präsidenten wenden.

UE 3: I. Akt, 2. bis 4. Szene

HAB 3

1. Verfassen Sie eine knappe schriftliche Charakteristik der Figur Miller. Achten Sie trotz der Kürze auf eine vollständige Gliederung in die drei Hauptteile.

> **MERKE**
>
> Die **schriftliche Charakteristik** einer literarischen Figur sollte in drei Teile gegliedert sein:
> - Einleitung: nennt Titel, Autor, Textart, Erscheinungsjahr und Thema des Textes; dabei kann man bereits auf die zu charakterisierende Figur eingehen und sagen, welche Rolle sie spielt.
> - Hauptteil: In einem zusammenhängenden Text wird nacheinander auf die Gesichtspunkte persönliche Daten, äußere Erscheinung, Lebensumstände, typische Verhaltensweisen, Charaktereigenschaften und das Verhältnis zu anderen Figuren eingegangen.
> - Schluss: Hier können zentrale Eigenschaften bzw. Merkmale zusammengefasst und auf die allgemeine Wirkung der Figur eingegangen werden.
>
> **Achtung**: Vor allem Schlussfolgerungen, die aus indirekten Charakterisierungen abgeleitet sind, sollten durch Hinweise auf den Text (z.B. Zitate) belegt werden.
>
> Eine Charakteristik wird in der Regel im Präsens geschrieben.

2. Beschreiben Sie die Sprachverwendung der folgenden Rede Ferdinands (aus Szene I, 4). Halten Sie Ihre Ergebnisse stichwortartig fest.

> FERDINAND Ich fürchte nichts – nichts – als die Grenzen deiner Liebe. Lass auch Hindernisse wie Gebirge zwischen uns treten, ich will sie für Treppen nehmen und drüber hin in Luisens Arme fliegen. Die Stürme des widrigen Schicksals sollen meine Empfindung emporblasen, Gefahren werden meine Luise nur reizender machen. – Also nichts mehr von Furcht, meine Liebe. Ich selbst – ich will über dir wachen, wie der Zauberdrach über unterirdischem Golde – Mir vertraue dich! Du brauchst keinen Engel mehr – Ich will mich zwischen dich und das Schicksal werfen – empfangen für dich jede Wunde – auffassen für dich jeden Tropfen aus dem Becher der Freude – dir ihn bringen in der Schale der Liebe. (*Sie zärtlich umfassend.*) An diesem Arm soll meine Luise durchs Leben hüpfen; schöner, als er dich von sich ließ, soll der Himmel dich wieder haben und mit Verwunderung eingestehn, dass nur die Liebe die letzte Hand an die Seelen legte –

_____

_____

_____

3. Vergleichen Sie die Sprachverwendung mit der Sprache in den Figurenreden der Szenen I, 1 und I, 2. Halten Sie Ihre Ergebnisse wieder stichwortartig fest.

_____

_____

_____

4. Lesen Sie vorbereitend auf die nächste Stunde die Szenen 5 bis 7 des I. Aktes von *Kabale und Liebe*.

UE 4: I. Akt, 5. bis 7. Szene

Hintergrundinformationen

In *Kabale und Liebe* lassen sich deutlich drei grundsätzliche Sprachstile unterscheiden, die die bürgerliche, die höfische und die Welt der Liebenden kennzeichnen.

Hauptkennzeichen der (klein)bürgerlichen Sprache sind der eher reihend-parataktische Satzbau (vgl. z.B. I, 1: „Einmal für allemal. Der Handel wird ernsthaft. Meine Tochter kommt mit dem Baron ins Geschrei. Mein Haus wird verrufen."), ein Wortschatz mit umgangssprachlichem bis derbem Vokabular (vgl. z.B. I, 2: „Halt du dein Maul, sag ich –", „Dass dich alle Hagel!"), eine insgesamt stärkere Ausrichtung am mündlichen Sprachgebrauch sowie die Durchmischung der Sprache mit unpassenden und/oder falschen Fremdwörtern (vgl. z.B. I, 1: „Ich sprech ja nur, man müss` den Herrn Major nicht disguschtüren, weil Sie des Präsidenten Sohn sind.").

Umgekehrt ist die Sprache der höfischen Welt gekennzeichnet durch einen elaborierten Code (hypotaktische Satzstrukturen und differenzierende, gehobene Wortwahl) sowie einen analytischen Ton (der sich im Schriftbild auch durch den Sperr- bzw. Kursivdruck zeigt), z.B.: „Wenigstens bewies der P r ä s i d e n t hier, dass der V a t e r nur ein A n f ä n g e r gegen ihn ist. Wenn der Major Ihnen ebenso den gehorsamen Sohn zeigt, als Sie ihm den zärtlichen Vater, so dürfte Ihre Anforderung mit Protest zurückkommen." (I, 5)

Die Sprache der Liebenden (neben Luise und Ferdinand gilt dies später dann auch für Lady Milford) ist nicht nur sehr bildreich, sondern an vielen Stellen auch durch rhetorische Figuren gekennzeichnet (v.a. Emphasen, Steigerungen, Parallelismen, Inversionen und Antithesen), z.B.: „Ich will mich zwischen dich und das Schicksal werfen – empfangen für dich jede Wunde – auffassen für dich jeden Tropfen aus dem Becher der Freude – dir ihn bringen in der Schale der Liebe." (Ferdinand, I, 4).

An einigen Stellen ist die Sprache im Stück bis ins Satirische überzeichnet, sodass das Trauerspiel auch komische Züge bekommt. Dies gilt insbesondere für die Figur des Hofmarschalls von Kalb (vgl. dazu Aufgabe 3 in HAB 3; später dann ganz ausgeprägt in Akt III, Szene 2: „Alles kommt, wie begreiflich ist, in Alarm – […] wir kriechen durch den ganzen Redoutensaal, das Strumpfband zu suchen – […] Wie wir beide zugleich auf das Strumpfband zu Boden fallen, wischt mir von Bock an der rechten Frisur allen Puder weg, und ich bin ruiniert auf den ganzen Ball.") sowie für Vater Miller (etwa der polternde Auftritt in I, 1 oder dann später sein Gespräch mit dem Präsidenten in II, 6).

Gegebenenfalls eigens hingewiesen werden könnten die Schüler auch auf die Bedeutung der Regieanweisungen in *Kabale und Liebe*. Diese charakterisieren nicht nur einzelne Äußerungen (z.B. in I, 2: „MILLER (*verdrüsslich*).", „FRAU (*lächelt dumm-vornehm*).") und sind handlungsbeschreibend (z.B. in I, 2: „WURM (*rückt unruhig im Sessel, kratzt hinter den Ohren und zupft an Manschetten und Jabot*).", „MILLER (*aufgebracht, springt nach der Geige*).", sondern können auch, die wenigen Beispiele aus einer einzelnen Szene deuten es schon an, für die Gestaltung ganzer Szenen relevant sein (ganz auffällig ist hier etwa auch die Szene IV, 7). Die Beispiele machen zugleich deutlich, dass auch der Körpersprache eine wichtige Rolle bei der Bewertung des Geschehens bzw. der Figuren im Geschehen zukommt.

UE 4: I. Akt, 5. bis 7. Szene

Stundenverlauf

Voraussetzung: Szenen I, 5 bis I, 7 sind gelesen worden

benötigte Materialien: –

Unterrichts-phasen	Zeit	Inhalte	Didaktisch-methodische Hinweise	Kompetenzen
Phase 1 Sicherung	13	Besprechung HA: Charakteristik der Figur Miller (→ HAB 3, Aufgabe 1)	Unterrichtsgespräch Ein oder zwei Schüler lesen ihre Charakteristik vor, die danach konstruktiv bewertet wird.	Texte bewerten und überarbeiten
Phase 2 Erarbeitung I	20	Figurenreden sprachlich beschreiben (→ UAB 4, Aufgabe 1)	Partner- oder Kleingruppenarbeit (ggf. lernstärkere und -schwächere Schüler mischen), anschließend Unterrichtsgespräch	literarische Texte sprachlich bzw. stilistisch beschreiben
Phase 3 Sicherung/ Transfer	15	Besprechung HA: Figurenreden sprachlich beschreiben (→ HAB 3, Aufgaben 2 und 3)	Unterrichtsgespräch Die Arbeitsergebnisse sowohl aus UAB 4, Aufgabe 1 als auch aus HAB 3, Aufgaben 2 und 3 wären anschließend zu verallgemeinern (vgl. die Hintergrundinformationen zu dieser UE).	literarische Texte sprachlich bzw. stilistisch beschreiben
Phase 4 Sicherung	10	Textsicherung I, 5 bis I, 7 (→ UAB 4, Aufgabe 2)	Unterrichtsgespräch	literarische Texte mündlich zusammenfassen
Phase 5 Erarbeitung II	20	Figur des Präsidenten charakterisieren (→ UAB 4, Aufgabe 3)	Partnerarbeit, anschließend Unterrichtsgespräch	literarische Figuren charakterisieren
Phase 6 Sicherung/ Transfer	10	Leseerwartungen rückschauend einschätzen (vgl. UAB 3, Aufgabe 2)	Unterrichtsgespräch Der Rückblick auf die eigenen Leseerwartungen sichert nicht nur das neu Gelesene, sondern soll bzw. kann auch zu einer Neubewertung des früher Gelesenen führen.	sich sachbezogen austauschen; einen Handlungsverlauf bewerten
Phase 7	2	ggf. Hinweise zur Bearbeitung von HAB 4		

UE 4: I. Akt, 5. bis 7. Szene

UAB 4

1. Beschreiben Sie die Sprachverwendung der beiden folgenden Figurenreden. Halten Sie Ihre Ergebnisse stichwortartig fest.

a) aus der Szene I, 5:

> PRÄSIDENT *(lacht)*. Er sagt mir, Wurm – Er habe ein Aug auf das Ding – das find` ich. Aber sieht Er, mein lieber Wurm – dass mein Sohn Gefühl für das Frauenzimmer hat, macht mir Hoffnung, dass ihn die Damen nicht hassen werden. Er kann bei Hof etwas durchsetzen. Das Mädchen ist *schön*, sagt Er; das gefällt mir an meinem Sohn, dass er *Geschmack* hat. Spiegelt er der Närrin solide Absichten vor? Noch besser – so seh` ich, dass er *Witz* genug hat, in seinen Beutel zu lügen. Er kann *Präsident* werden. Setzt er es noch dazu durch? Herrlich! das zeigt mir an, dass er *Glück* hat. – Schließt sich die Farce mit einem gesunden Enkel – unvergleichlich! so trink` ich auf die guten Aspekten meines Stammbaums eine Bouteille Malaga mehr und bezahle die Skortationsstrafe[1] für seine Dirne.
>
> [1] Entschädigungsgeld für ein verführtes Mädchen

_____

_____

_____

b) aus der Szene I, 6:

> HOFMARSCHALL. Hören Sie nur! Ich steige kaum aus dem Wagen, so werden die Hengste scheu, stampfen und schlagen aus, dass mir – ich bitte Sie! – der Gassenkot über und über an die Beinkleider spritzt. Was anzufangen? Setzen Sie sich um Gottes willen in meine Lage, Baron! Da stand ich. Spät war es. Eine Tagreise ist es – und in dem Aufzug vor Seine Durchleucht! Gott der Gerechte! – Was fällt mir bei? Ich fingiere eine Ohnmacht. Man bringt mich über Hals und Kopf in die Kutsche. Ich in voller Karriere[1] nach Haus – wechsle die Kleider – fahre zurück – Was sagen Sie? – und bin noch der Erste in der Antichambre[2] – Was denken Sie? –
>
> [1] d.h. so schnell die Pferde laufen können
> [2] Vorzimmer; gemeint ist das gemeinsame Warten auf den Herzog vor dessen Schlafgemach

_____

_____

_____

2. Ordnen Sie die beiden Figurenreden aus 1 a) und 1 b) in den Gesamtzusammenhang der jeweiligen Szene ein. Fassen Sie anschließend den Inhalt der Szene I, 7 zusammen.

3. Charakterisieren Sie stichwortartig die Figur des Präsidenten.

Merkmale/Eigenschaften des Präsidenten	Belege im Text

UE 4: I. Akt, 5. bis 7. Szene

Unterrichtsergebnisse

Unterrichts-phasen	Ergebnisse (Erwartungen)
Phase 2/3 = UAB 4, Aufgabe 1, HAB 3, Aufgaben 2 und 3	vgl. zu HAB 3, Aufgaben 2 und 3, die Hintergrundinformationen zu dieser UE • Redebeitrag des Präsidenten (= UAB 4, Aufgabe 1 a)): Aufzählung zynischer Bewertungen tatsächlicher oder möglicher Ereignisse; die Rede ist klar strukturiert durch die Hervorhebung zentraler Begriffe (im Schriftbild durch Kursivdruck markiert) sowie der Abfolge von Aussagen und rhetorischer Fragen; auffällig ist darüber hinaus die abwertende Wortwahl (vgl. „Ding", „Närrin", „Farce", „Dirne") • Redebeitrag des Hofmarschalls (= UAB 4, Aufgabe 1 b)): bis ins Lächerliche voller Emphase: kurze, zum Teil abgehackte Sätze („– wechsle die Kleider – fahre zurück –"), zahlreiche Ausrufe („ich bitte Sie!", „Gott der Gerechte!") bzw. Ausrufezeichen sowie effekthaschende Fragen („Was anzufangen?", „Was fällt mir bei?", „Was sagen Sie?", „Was denken Sie?")
Phase 4 = UAB 4, Aufgabe 2	zentrale Inhalte der Szenen: • Szene I, 5: Wurm informiert den Präsidenten über die Beziehung Ferdinands zu Luise (Äußerung 1 a) stellt die erste Reaktion darauf dar), woraufhin Präsident Walter eine Intrige spinnt: Ferdinand soll Lady Milford, die erste Geliebte des Fürsten, heiraten, wodurch sich des Präsidenten Stellung am Hofe weiter festigen würde. • Szene I, 6: Der Präsident bittet Hofmarschall von Kalb – gleichsam um Tatsachen zu schaffen –, die neue Beziehung am Hof bekannt zu machen. Äußerung 1 b) ist Teil des längeren Vorgesprächs, das vor allem der Charakterisierung der Figur von Kalb dient. • Szene I, 7: Präsident Walter konfrontiert seinen Sohn mit seinen Heiratsplänen und entlockt ihm zugleich das Geständnis, Luise zu lieben. Unter Aufbietung aller Autorität („Junge, ich sage dir, du wirst dort sein, oder fliehe meinen Zorn.", I, 7) zwingt der Präsident Ferdinand, Lady Milford seine Aufwartung zu machen.
Phase 5 = UAB 4, Aufgabe 3	mögliche Aspekte könnten sein (als **Tafelanschrieb**):

Merkmale/Eigenschaften des Präsidenten	Belege im Text
• herablassend	• z. B. „der Bürgerkanaille" (I, 5)
• intelligent	• durchaut Wurm in I, 5, erkennt seine Abhängigkeit von Lady Milford
• stolz auf Ferdinand	• vgl. UAB 4, Aufgabe 1 a)
• intrigant	• das Anbahnen der Vermählung Ferdinands mit Lady Milford
• skrupellos, selbstgerecht	• vgl. „die Hinwegräumung meines Vorgängers" (I, 7)
• autoritär	• „Wenn ich auftrete, zittert ein Herzogtum." (I, 7)

UE 4: I. Akt, 5. bis 7. Szene

HAB 4

1. Lesen Sie den folgenden Sachtext aus dem Jahr 1822. Charakterisieren Sie mit zwei bis drei Begriffen die in ihm geschilderten Vorgänge.

> **Max von Boehn: Der Hof Carl Eugens**
>
> Der Hof eines Landes, das nicht mehr als 600.000 Einwohner auf 155 Quadratmeilen zählte, wurde der prächtigste in Europa. Der Hofstaat umfasste 2.000 Personen, unter denen sich 169 Kammerherren von Adel nebst 20 Prinzen und Reichsgrafen befanden. Wenn der Herzog auf Reisen ging, und er reiste leidenschaftlich gern, so bestand sein Gefolge aus 700 Personen und
> 5 610 Pferden. Die Feste drängten sich, Bälle, Konzerte, Schlittenfahrten, Jagden, Feuerwerke reihten sich aneinander und zogen Vornehme in Scharen an. Manchmal hat der Herzog 300 Personen von Rang wochenlang unterhalten und mit feinsten und teuersten Leckerbissen bewirtet. Einzelne dieser Veranstaltungen kosteten 3[00.000] bis 400.000 Gulden, erhielten die Damen doch manchmal dabei Geschenke im Werte von 50.000 Talern. Ganz besonders berühmt waren
> 10 die Feiern, mit denen der Herzog seinen Geburtstag beging. 1763 war in Ludwigsburg bei dieser Gelegenheit eine Orangerie errichtet worden, die tausend Fuß lang war, so dass die Orangen- und Zitronenbäume hohe, gewölbte Gänge bildeten. Als die Eingeladenen sich in ihnen dem Schloss nähern, befinden sie sich plötzlich in Wolken, die sich aber auf einen Wink des Herzogs teilen und den Olymp[1] mit allen Göttern sehen lassen. Zeus befiehlt, den Palast der Pracht zu er-
> 15 richten, worauf auch die letzte Wolke verschwindet und man im mittleren Schlosshof den Palast erblickt, den goldene Säulen tragen und 200.000 Kerzen und Lampen erleuchten.
>
> [1] Berg (2917 Meter) in Griechenland; der griechischen Mythologie nach Wohnstätte der zwölf „olympischen" Götter, unter ihnen Zeus, der mächtigste der olympischen Götter

Begriffe: _____

_____

2. **Weiterführende Aufgabe:** Recherchieren Sie zu Carl Eugen (auch: Karl Eugen) von Württemberg. Halten Sie Rechercheergebnisse, die Ihnen mit Bezug auf Friedrich Schiller bzw. das Stück *Kabale und Liebe* wichtig erscheinen, stichwortartig fest.

_____

_____

_____

_____

_____

_____

_____

3. Lesen Sie vorbereitend auf die nächste Stunde die Szenen 1 bis 3 des II. Aktes von *Kabale und Liebe*.

UE 5: II. Akt, 1. bis 3. Szene

Hintergrundinformationen

Hatte Lessing die Handlung der *Emilia Galotti* noch in eine italienische Residenzstadt und die Zeit des späten 17. Jahrhunderts verlegt, spielt *Kabale und Liebe* „am Hof eines deutschen Fürsten". Und obwohl im Stück keine näheren Orts- oder Zeitangaben gemacht werden, lässt sich unschwer der württembergische Kontext erkennen.

Bezeichnend ist dabei, dass ein Fürst selbst nicht in Erscheinung tritt, sondern nur karikaturistisch gezeichnete Hofbeamte, wodurch die Hofkritik noch an Schärfe gewinnt. Sehr deutlich wendet sich Schiller mit seinem Stück gegen die Verschwendungssucht am Hofe, das Mätressenwesen, die politische Unkultur der Intrige und die Willkürherrschaft.

Zentrale Szene dieser Zeitkritik ist die sogenannte Kammerdienerszene (II, 2), in der alle Kritikpunkte kulminieren: Der Herzog lässt Lady Milford (Mätressenwesen) wertvollen Schmuck zukommen (Verschwendungssucht), von dem sich bald herausstellt, dass er durch den Verkauf von „siebentausend Landeskindern nach Amerika" finanziert wurde (Willkürherrschaft). Zwar weigert sich Lady Milford, diesen Schmuck zu tragen („Soll ich den Fluch seines Landes in den Haaren tragen?"), sie will stattdessen den Verkaufserlös bedürftigen Familien zukommen lassen; doch hindert sie dies nicht daran, sich noch in derselben Szene wieder Ferdinand und damit ihrer persönlichen Kabale und Liebe zuzuwenden.

Bedenkt man, dass Schillers Stück nur wenige Jahre vor der Französischen Revolution 1789 zur Aufführung kam (nämlich 1784), erkennt man die Brisanz der Szene, die mit deutlicher Schärfe und Klarheit Missstände benennt („und die mehresten dieser Unglücklichen dienen jetzt ihren Gläubigern als Sklaven, oder verderben in den Schachten der fürstlichen Silberbergwerke.").

Vertiefend zu der Szenenfolge II, 1 bis 3 und der Zeitkritik in der Kammerdienerszene könnte mit den Schülern auf die Umstände der Entstehung von *Kabale und Liebe* eingegangen werden. Schiller, der an der Hohen Karlsschule auf Befehl Carl Eugens zunächst Jura, dann Medizin studieren musste und anschließend (ab 1780) als Regimentsarzt in Stuttgart zu dienen hatte, verließ seinen Dienst ohne Erlaubnis, um eine Aufführung seines Stückes *Die Räuber* in Mannheim zu besuchen (er ging also in die Kurpfalz und damit ins „Ausland"), worauf er im Juli 1782 einen zweiwöchigen Arrest erhielt, in dem er *Kabale und Liebe* konzipiert haben soll. Einige Wochen später, in der Nacht vom 22. zum 23.9.1782, flieht Schiller gemeinsam mit seinem Freund Andreas Streicher, dem er von seinem geplanten Stück erzählt hatte, vor den militärischen und despotischen Zwängen aus Württemberg. Da er als Regimentsarzt im württembergischen Militärdienst stand, galt er dadurch als Deserteur und musste, falls er aus Mannheim, dem „Ausland" also, nach Württemberg einreisen würde (vgl. dazu im Ideenpool den Brief Schillers an Carl Eugen), mit entsprechend harter Bestrafung rechnen. Wie hart diese Bestrafung ausfallen konnte, war Schiller durchaus gewärtig, hat er doch den Dichter Christian Friedrich Daniel Schubart (1739–1791), der den Despotismus Carl Eugens gegeißelt hatte, auf der Festung Hohenasperg, in der dieser seit bald zehn Jahren in Kerkerhaft saß, getroffen.

Im Oktober 1782, also nur kurz nach seiner Flucht aus Württemberg nach Mannheim, schrieb Schiller *Kabale und Liebe* (damals noch mit dem geplanten Titel „Luise Millerin") in wesentlichen Teilen.

UE 5: II. Akt, 1. bis 3. Szene

Stundenverlauf

Voraussetzung: Szenen II, 1 bis II, 3 sind gelesen worden

benötigte Materialien: –

Unterrichtsphasen	Zeit	Inhalte	Didaktisch-methodische Hinweise	Kompetenzen
Phase 1 Sicherung	23	Besprechung HA: Rechercheergebnisse zu Carl Eugen (→ HAB 4, Aufgaben 1 und 2)	Unterrichtsgespräch (zu den Lösungen von HAB 4 vgl. ⊚)	Informationen präsentieren, bewerten und gliedern
Phase 2 Erarbeitung I	15	Zeitkritik in der Kammerdienerszene (→ UAB 5, Aufgabe 1)	Partner- oder Kleingruppenarbeit, anschließend Unterrichtsgespräch	eine Textstelle inhaltlich erschließen
Phase 3 Erarbeitung II/ Transfer	10	Bewertung der Kammerdienerszene im Gesamtzusammenhang (→UAB 5, Aufgabe 2)	Unterrichtsgespräch	eine Textstelle im Zusammenhang betrachten
Phase 4 Erarbeitung III	40	Analyse des Aufbaus der Szene II, 3 (→ UAB 5, Aufgabe 3)	Gruppenarbeit, anschließend Ergebnispräsentation und Unterrichtsgespräch. Nach der Besprechung der Analyseergebnisse könnte, so noch Zeit ist, auf die Figur von Lady Milford (ihren Charakter) eingegangen werden. Mit Blick auf HAB 5 könnten in dem Zusammenhang auch die von ihr im Gespräch verwendeten Strategien thematisiert werden.	einen Text gliedern und inhaltlich erschließen
Phase 5	2	ggf. Hinweise zur Bearbeitung von HAB 5	siehe die Hinweise zu Phase 4	

UE 5: II. Akt, 1. bis 3. Szene

UAB 5

1. Lesen Sie noch einmal die sogenannte Kammerdienerszene (Szene II, 2) und benennen Sie, welche Missstände in der Szene angeprangert werden. Füllen Sie entsprechend die Tabelle aus.

Missstände	Belege im Text

2. Besprechen Sie, wie die Kammerdienerszene inhaltlich in die Szenenfolge II, 1 bis II, 3 eingebunden ist: Welche Bedeutung hat sie also – unabhängig von der in ihr enthaltenen Zeitkritik – für das Gesamtgeschehen?

3. Gliedern Sie die Szene II, 3 in fünf bis sechs Gesprächsphasen. Fassen Sie jeweils deren Inhalt zusammen. Arbeiten Sie in Gruppen.

Phase	Zusammenfassung
1	
2	
3	
4	
5	
6	

UE 5: II. Akt, 1. bis 3. Szene

Unterrichtsergebnisse

Unterrichtsphasen	Ergebnisse (Erwartungen)
Phase 1 = HAB 4, Aufgaben 1 und 2	Die wichtigsten Ergebnisse der Rechercheaufgabe 1 könnten an der Tafel unter den Aspekten „Allgemeines bzw. Biografisches zu Carl Eugen von Württemberg", „Bezüge zu *Kabale und Liebe*", „Bezüge zu Friedrich Schiller" gesammelt werden.
Phase 2 = UAB 5, Aufgabe 1	Vgl. hierzu die Hintergrundinformationen zu dieser Unterrichtseinheit.
Phase 3 = UAB 5, Aufgabe 2	• Formal wird zur nachfolgenden Szene übergeleitet, indem Sophie den Besuch Ferdinands ankündigt. • Der Schluss der Szene zeigt die Nervosität der Lady, verdeutlicht also, wie schon in II, 1, dass sie Ferdinand wirklich liebt. • Durch die Szene wird Lady Milfords Wunsch nachvollziehbar, sich von einem solchen Fürsten künftig fernhalten zu wollen. • Lady Milford muss erkennen, dass sie keine wirkliche Macht am Hof hat und allenfalls in Ausnahmefällen leicht korrigierend eingreifen kann (sie vermag vielleicht die Kinder des Kammerdieners zu retten, nicht aber den Soldatenhandel an sich zu unterbinden). • Die Machtfülle des Fürsten und seines Apparates (also auch des Präsidenten) wird deutlich.
Phase 4 = UAB 5, Aufgabe 3	Die aufgeführten Phasen 1 und 2 könnten auch zusammengefasst werden: • **Phase 1**: gegenseitige Begrüßung; der Lady wird klar, dass Ferdinand nicht wegen seines „eigenen Herzens" gekommen ist. • **Phase 2**: Ferdinand erklärt dies, indem er sagt, „dass der *Preis* [...] *schlimmer* noch als das *Opfer* ist", d.h. dass eine Ehe schlimmer sei als der Verzicht auf Karriere, Herkunft und Offiziersehre. • **Phase 3**: Mit der Antwort „Herr Major! Das hab` ich nicht verdient." veranlasst die Lady Ferdinand zu einer ausführlicheren Begründung: Er kann nicht verstehen, wie „eine Dame von so viel Schönheit und Geist [...] sich an einen Fürsten sollte wegwerfen können". Er spricht ihr ab, eine würdige Vertreterin des stolzen britischen Volkes zu sein. Er meint, die Lady habe sich ihre Tugend nicht bewahrt, da das Land noch immer ausgepresst würde. • **Phase 4**: Mit der Trias „schätz` ich Sie", „vergebe ich Ihnen", „glaube ich Ihnen nicht" beginnt eine längere Verteidigungsrede der Lady, nämlich die Schilderung ihrer Biografie und ihres Wirkens am Hofe des Herzogs („Walter, ich habe Kerker gesprengt – habe Todesurteile zerrissen und manche entsetzliche Ewigkeit auf Galeeren verkürzt."), woraus sie nun ableitet, ein Recht auf „Ersatz [der] Leiden" und damit auf Ferdinand zu haben. • **Phase 5**: Die Lady wirbt nun eindringlich um Ferdinand, den sie mit ihrer Verteidigungsrede gleichsam vom Ankläger zum Angeklagten gemacht hat, und treibt Ferdinand damit zu dem Geständnis, die bürgerliche Luise zu lieben. • **Phase 6**: Noch einmal wandelt sich der Ton: Die Lady verweist auf die Notwendigkeit der Verbindung (d.h. sie besteht nach wie vor auf der Heirat mit Ferdinand): „Die Beschimpfung ist unauslöschlich, wenn ein Untertan des Fürsten mich ausschlägt."

UE 5: II. Akt, 1. bis 3. Szene

HAB 5

1. Fassen Sie schriftlich zusammen, mit welchen Strategien Lady Milford in Szene II, 3 Ferdinand für eine Ehe zu gewinnen versucht. Nutzen Sie die Möglichkeit, aus dem Text zu zitieren.

MERKE

Das **Zitieren** ist eine zentrale Technik des sachlichen Schreibens. Wer richtig zitiert, zeigt damit zugleich, dass er sorgfältig mit Texten umgehen kann und das geistige Eigentum anderer respektiert. Man unterscheidet drei Hauptformen, nämlich: wörtliches Zitat (in Form der direkten Rede), indirektes Zitat (in Form der indirekten Rede) und Redeverweis (in Form der Paraphrase, durch die deutlich wird, was jemand gesagt hat).

Vor allem in publizistischen Texten kommt es oft auch zu Verschmelzungen der Formen; dies sollte in Interpretations- und Analysearbeiten jedoch vermieden werden.

Für **das wörtliche Zitat** gilt:

- Wörtlich von anderen übernommene Äußerungen werden, unter Angabe der Quelle, in Anführungszeichen wiedergegeben: *„Ich bin bereit, dies alles mit Füßen zu treten, sobald Sie mich nur überzeugt haben werden, dass der Preis nicht schlimmer noch als das Opfer ist." (Schiller: Kabale und Liebe, II, 3)*
- Ergänzungen und Umstellungen werden durch eckige Klammern gekennzeichnet: *Ferdinand sagt, dass er „bereit [sei], dies alles mit Füßen zu treten" (Schiller: Kabale und Liebe, II, 3).*
- Auslassungen werden durch drei Pünktchen (oft ebenfalls in eckigen Klammern) angezeigt: *Ferdinand sagt, „dass der Preis [...] schlimmer noch als das Opfer ist" (Schiller: Kabale und Liebe, II, 3).*
- Einzelne Wörter oder Wendungen können auch ohne Auslassungshinweise übernommen werden: *Ferdinand bezeichnet die Verbindung mit Lady Milford als ein „Opfer" (Szene II, 3).*

Für **das indirekte Zitat** gilt:

- Vor allem in nicht publizistischen Texten erfolgt die Kennzeichnung wie in der indirekten Rede, d.h. mit einem redeeinleitenden Wort (also „sagen", „behaupten", „fragen", „feststellen" usw.), einem Satzanschluss (meist „dass", „ob" oder Fragepronomen) und/oder dem Prädikat im Konjunktiv I (bzw. einer Ersatzform).
- Auch für indirekte Zitate gilt, dass dort, wo es sinnvoll ist, Quellenangaben gemacht werden sollten.

Das Wort **Paraphrase** bedeutet „Umschreibung". Allgemein gilt, dass man stets in standardsprachlichen Sätzen paraphrasieren sollten, Wörter bzw. Ausdrücke oder Sätze, die stilistisch über oder unter dem Standard liegen, sollten also besser wörtlich zitiert und entsprechend als Zitat gekennzeichnet werden. Grundsätzliche Möglichkeiten der Paraphrase sind:

- Ersetzung eines Begriffs durch einen anschaulicheren, bildhafteren
- Ersetzung eines Begriffs durch einen allgemeineren oder spezifischeren
- Ersetzung eines Begriffs durch ein (partielles) Synonym (auch in Form eines Fachbegriffes oder eines Fremdwortes)

2. Lesen Sie vorbereitend auf die nächste Stunde die Szenen 4 bis 7 des II. Aktes von *Kabale und Liebe*.

UE 6: II. Akt, 4. bis 7. Szene

Hintergrundinformationen

Die inhaltliche Erschließung der Szenenfolge II, 4 bis II, 7 sollte den Schülern nicht schwerfallen und wäre gegebenenfalls nur vor dem Hintergrund des Handlungsverlaufes nach dem Fünf-Akt-Schema zu verdeutlichen.

Wenn man die Exposition mit der Szene I, 4 als abgeschlossen betrachtet und das erregende Moment in der ersten Unterredung Wurms mit dem Präsidenten sieht (vgl. I, 5), dann vollzieht sich die Steigerung bis zum Ende des II. Aktes in drei Stufen: Ferdinand lehnt eine Verbindung mit Lady Milford ab (I, 7), diese jedoch besteht auf einer Ehe (II, 3). In den Szenen II, 6 und II, 7 kommt es zu einer weiteren Steigerung. Präsident von Walter will die Beziehung zwischen Ferdinand und Luise endgültig beenden, was ihm mit der Beleidigung Luises („Eine lustige Zumutung! Der Vater soll die *Hure* des Sohns respektieren.", II, 6) auch beinahe gelingt. Luise ist bereit, auf Ferdinand zu verzichten, aber Präsident von Walter hat die Entschlossenheit des Sohnes und den bürgerlichen Stolz von Vater Miller unterschätzt, sodass er schließlich zu gewaltsamen Mitteln greifen will, um Ferdinand von Luise zu trennen. Wenn erst der Vater im Gefängnis ist und Mutter und Tochter am Pranger stehen, wird – so der Plan – der Widerstand beider Seiten gebrochen: Ferdinand wird nicht in eine so entehrte Familie einheiraten wollen und die Millers würden ihrer Tochter die Liebe zu Ferdinand aus Angst vor weiterer Verfolgung schon austreiben. Erst die Drohung Ferdinands, die Verbrechen des Vaters öffentlich zu machen („Ihr führt sie zum Pranger fort, unterdessen (*zum Präsidenten, ins Ohr rufend*) erzähl ich der Residenz eine Gesichte, wie man Präsident wird.", II, 7), kann die Millers vorläufig vor Verhaftung und Pranger bewahren.

Inhaltlich bietet sich die Szenefolge darüber hinaus noch an, die unterschiedlichen Familienbilder des Bürgertums und des Hofes herauszustellen. Zwar handelt auch Miller durchaus aus Eigennutz, doch zeigt gerade sein wütendes Aufbegehren in Szene II, 6, dass es ihm auch um das Glück seiner Tochter und der Ehre der Familie zu tun ist (vgl. dort: „Wer das Kind eine Mähre schilt, schlägt dem Vater ans Ohr."). Für Präsident von Walter dagegen sind Liebe oder Ehre nur strategische Mittel in seinem Macht- und Intrigenspiel. Zwar betont der Präsident gegenüber Ferdinand in Szene I, 7, er habe nur für ihn, seinen Sohn, seine Verbrechen ins Werk gesetzt (vgl. UAB 6, Aufgabe 1 d)), doch resultiert dieser Verweis auf seine Vaterliebe eben auch (und wahrscheinlich nicht zuletzt) aus einem taktischen Kalkül heraus, diente die Heirat Ferdinands mit Lady Milford doch vor allem dazu, die Stellung des Präsidenten am Hofe zu sichern.

Aufgrund der leichten Fasslichkeit der Szenenfolge bereitet diese Unterrichtseinheit vor allem auf das schriftliche Interpretieren einer Dramenszene vor. Voraussetzung hierfür ist die Betrachtung einer Szene im Kontext der Handlung (vgl. UAB 6).

UE 6: II. Akt, 4. bis 7. Szene

Stundenverlauf

Voraussetzung: Szenen II, 4 bis II, 7 sind gelesen worden

benötigte Materialien: –

Unterrichts-phasen	Zeit	Inhalte	Didaktisch-methodische Hinweise	Kompetenzen
Phase 1 Sicherung I	18	Besprechung Schreibaufgabe (→ HAB 5, Aufgabe 1)	Unterrichtsgespräch Ein oder zwei Schüler lesen ihre Arbeit vor, die danach konstruktiv bewertet wird. Alternativ könnten die Schüler ihre Arbeiten auch gegenseitig lesen und sich jeweils konkrete Verbesserungsvorschläge machen.	Texte bewerten und überarbeiten
Phase 2 Sicherung II	10	Besprechung HA: mündliche Zusammenfassung der Szenen II, 4 bis II, 7 (→ HAB 5, Aufgabe 2)	Unterrichtsgespräch Je ein Schüler fasst eine Szene mündlich zusammen; hat er die Zusammenfassung beendet, können die anderen Schüler ggf. inhaltlich ergänzen.	Texte mündlich zusammenfassen
Phase 3 Sicherung/ Erarbeitung I	50	Textstellen aus dem I. Akt auf Szene II, 6 beziehen (→UAB 6, Aufgabe 1)	Gruppenarbeit, anschließend Ergebnispräsentation und Unterrichtsgespräch Idealerweise werden die Textstellen zuvor noch einmal in ihrem Kontext gelesen, sodass zugleich der Inhalt des I. Aktes wiederholt wird.	Textstellen im Zusammenhang betrachten
Phase 4 Erarbeitung II	10	Bewertung der Szenen II, 6 und II, 7 (→ UAB 6, Aufgabe 2)	Unterrichtsgespräch In die Bewertung der Szenen können auch Vermutungen darüber einfließen, wie sich die weitere Handlung entwickeln könnte.	eine Szene bewerten; sich sach- und textbezogen austauschen
Phase 5	2	ggf. Hinweise zur Bearbeitung von HAB 6		

UE 6: II. Akt, 4. bis 7. Szene

UAB 6

1. Beziehen Sie die folgenden Dramenausschnitte auf die Szene II, 6. Arbeiten Sie in Gruppen. Halten Sie Ihre Ergebnisse stichwortartig fest.

a) Szene I, 1

> MILLER. Da liegt der Has' im Pfeffer. Darum, just eben darum muss die Sach' noch heut' auseinander. Der Präsident muss es mir Dank wissen, wenn er ein rechtschaffener Vater ist. Du wirst mir meinen roten plüschenen Rock ausbürsten, und ich werde mich bei Seiner Exzellenz anmelden lassen. Ich werde sprechen zu seiner Exzellenz: Dero Herr Sohn haben ein Aug' auf meine Tochter; meine Tochter ist zu schlecht zu Dero Herrn Sohnes Frau, aber zu Dero Herrn Sohnes Hure ist meine Tochter zu kostbar, und damit basta! – Ich heiße *Miller*.

b) Szene I, 3

> LUISE. Auch will ich ihn ja jetzt nicht, mein Vater! Dieser karge Tautropfen Zeit – schon ein Traum von Ferdinand trinkt ihn wollüstig auf. Ich entsag ihm für dieses Leben. Dann, Mutter – dann wenn die Schranken des Unterschieds einstürzen – wenn von uns abspringen all die verhassten Hülsen des Standes – Menschen nur Menschen sind – Ich bringe nichts mit mir, als meine Unschuld; aber der Vater hat ja so oft gesagt, dass der Schmuck und die prächtigen Titel wohlfeil werden, wenn Gott kommt, und die Herzen im Preise steigen. Ich werde dann reich sein. Dort rechnet man Tränen für Triumphe und schöne Gedanken für Ahnen an. Ich werde dann vornehm sein, Mutter – Was hätte er dann noch vor seinem Mädchen voraus?

c) Szene I, 5

> PRÄSIDENT *(lacht)*. Er sagt mir, Wurm – Er habe ein Aug auf das Ding – das find' ich. Aber sieht Er, mein lieber Wurm – dass mein Sohn Gefühl für das Frauenzimmer hat, macht mir Hoffnung, daß ihn die Damen nicht hassen werden. Er kann bei Hof etwas durchsetzen. Das Mädchen ist *schön*, sagt Er; das gefällt mir an meinem Sohn, dass er *Geschmack* hat. Spiegelt er der Närrin solide Absichten vor? Noch besser – so seh' ich, dass er *Witz* genug hat, in seinen Beutel zu lügen. Er kann *Präsident* werden. Setzt er es noch dazu durch? Herrlich! das zeigt mir an, dass er *Glück* hat. – Schließt sich die Farce mit einem gesunden Enkel – unvergleichlich! so trink' ich auf die guten Aspekten meines Stammbaums eine Bouteille Malaga mehr und bezahle die Skortationsstrafe für seine Dirne.

d) Szene I, 7

> PRÄSIDENT. [...] Ferdinand, ich beobachte dich schon eine Zeitlang und finde die offene rasche Jugend nicht mehr, die mich sonst so entzückt hat. Ein seltsamer Gram brütet auf deinem Gesicht. Du fliehst mich – du fliehst deine Zirkel – Pfui! – *Deinen* Jahren verzeiht man zehn Ausschweifungen vor einer einzigen Grille. Überlass diese mir, lieber Sohn! Mich lass an deinem Glück arbeiten und denke auf nichts, als in meine Entwürfe zu spielen. – Komm! Umarme mich, Ferdinand!
> FERDINAND. Sie sind heute sehr gnädig, mein Vater.
> PRÄSIDENT. Heute, du Schalk – und dieses Heute noch mit der herben Grimasse? *(Ernsthaft.)* Ferdinand! – *Wem* zulieb' hab ich die gefährliche Bahn zum Herzen des Fürsten betreten? *Wem* zulieb' bin ich auf ewig mit meinem Gewissen und dem Himmel zerfallen? – Höre, Ferdinand! – Ich spreche mit meinem Sohn – *Wem* hab ich durch die Hinwegräumung meines Vorgängers Platz gemacht – eine Geschichte, die desto blutiger in mein Inwendiges schneidet, je sorgfältiger ich das Messer der Welt verberge! Höre! sage mir, Ferdinand! *Wem* tat ich dies alles?

2. Diskutieren Sie, ob bzw. inwieweit das Ende des II. Aktes als offen bezeichnet werden kann.

UE 6: II. Akt, 4. bis 7. Szene

Unterrichtsergebnisse

Unterrichts-phasen	Ergebnisse (Erwartungen)
Phase 1 = HAB 5, Aufgabe 1	Die Aufgabe versteht sich als Schreib- bzw. Zitierübung. Inhaltlich wäre zu berücksichtigen: • erotische Verführung (Lady Milford trägt noch immer ihr „reizende[s] Negligé" (vgl. II, 1) • Schmeichelei: „Dass Sie meine Hand verwerfen, darum schätz` ich Sie." • Mitleid erwecken: ihre schwere Biografie • an seine Gerechtigkeit appellieren: die Verbindung zu ihm als Lohn für ihre guten Taten • Drohung bzw. Verweis auf die Unausweichlichkeit: „Ich lass alle Minen sprengen."
Phase 3 = UAB 6, Aufgabe 1	Bezüge Auszug Szene I, 1: • Miller hat früh die Gefahr, die in dieser Beziehung steckt, erkannt. • Miller hat gleichwohl den Präsidenten falsch eingeschätzt, der eben gerade kein „rechtschaffener Vater" ist. • Miller wollte bereits zuvor mit dem Präsidenten sprechen (allerdings unter anderen Vorzeichen). • Bereits in dieser Szene wird der aufbrausende Charakter Millers deutlich. Bezüge Auszug Szene I, 3: • Luise macht von Anfang an deutlich, dass sie die Beziehung zu Ferdinand als gesellschaftlich unmöglich erkennt; insofern ist der Auftritt des Präsidenten – mit Blick auf Luise – überflüssig. • Luises Selbstbild, ihre „Unschuld" und ihre „schönen Gedanken", wird deutlich: umso tiefer trifft sie der Vorwurf, die Hure Ferdinands zu sein. Bezüge Auszug Szene I, 4: • Präsident von Walter sieht in Luise von Anfang an die Hure des Sohnes bzw. ist von Anfang an nicht bereit, mehr in ihr zu sehen (damit zugleich ein Beleg seiner Selbstherrlichkeit). • Für den Präsidenten sind menschliche Beziehungen allenfalls Aspekte einer übergeordneten Intrige (eines Machtspiels). Bezüge Auszug Szene I, 7: • Szene II, 6 macht spätestens deutlich, dass es dem Präsident nicht darum geht, für seinen Sohn zu handeln. • Wieder versucht der Präsident, Ferdinands Beziehung zu Luise als „Grille" abzutun. • Es ist gleichsam der freundliche Versuch, Ferdinand von Luise zu trennen.
Phase 4 = UAB 6, Aufgabe 2	Szene II, 7 macht deutlich, dass Präsident von Walter einerseits bereit ist, seine ganze Macht gegen Millers (und Ferdinand) auszuspielen, er andererseits in der Sache unversöhnlich ist („Ihr wisst meinen Willen."). Der Akt endet insofern offen, als ungeklärt bleibt, ob es ihm gelingen wird, seinen Willen unter den nun veränderten Voraussetzungen (Ferdinand hat sich offen gegen ihn gestellt) auch durchzusetzen.

UE 6: II. Akt, 4. bis 7. Szene

HAB 6

1. Verfassen Sie eine schriftliche Analyse der Szene II, 6. Ergänzen Sie dazu zunächst die folgende Übersicht, die Ihnen dann als Schreibplan dienen kann.

Einleitung	• uraufgeführt 1784
Hauptteil	• vorausgegangene Ereignisse, die für das Verständnis der Szene wichtig sind: • Szeneninhalt: • Verlauf des Gesprächs/Absichten der Beteiligten und deren sprachliche/rhetorische Umsetzung:
Schluss	• bildet mit II, 7 den Schluss des II. Aktes: offen bleibt, ob/wie ...

MERKE

Bei der schriftlichen Analyse einer Dramenszene sollten grundsätzlich – d.h. unabhängig von einer konkreten Aufgabenstellung – folgende Aspekte berücksichtigt werden:

- Beschreibung des Gesamtwerkes: Titel, Autor, Entstehungszeit, Hauptthemen, wichtige Personen, ggf. literaturgeschichtliche Einordnung
- formale Beschreibung der Szene: Umfang der Szene, Ort und Zeit der Handlung, beteiligte Personen (auch stumme), Besonderheiten (wie längere Monologe, eingeschobene Berichte, besondere Regieeffekte usw.)
- Einordnung der Szene in die Handlung des Stücks sowie die Bedeutung der Szene für die Aussage des Stücks
- Inhalt und Thema der Szene: Was geschieht (ggf. mit inhaltlicher Gliederung)? Welche Konflikte werden deutlich bzw. gelöst?
- Beschreibung der Figuren: Wie verhalten sich die Figuren zueinander? Welche Absichten haben sie bzw. welche Ziele verfolgen sie? Mit welchen sprachlichen (rhetorischen) Mitteln (Redestrategien) setzen sie ihre Absichten bzw. Ziele um? Wie verändert sich ihre Einstellung?
- sprachliche bzw. stilistische Besonderheiten (z.B. rhetorische Figuren, sprachliche Bilder, besondere Sprachhandlungen wie Bitten, Versprechen, Befehle)

2. Lesen Sie vorbereitend auf die nächste Stunde die Szenen 1 bis 3 des III. Aktes von *Kabale und Liebe*.

UE 7: III. Akt, 1. bis 3. Szene

Hintergrundinformationen

Innerhalb der steigenden Handlung stellt der Anfang des dritten Aktes die vierte und letzte Stufe dar: Nachdem der ursprüngliche Plan von Präsident von Walter gescheitert ist, fädelt Wurm eine zweite Intrige ein. Luise soll unter Zwang eine Liebesbotschaft an Hofmarschall von Kalb verfassen. Von Kalb, der zur Teilnahme an diesem Komplott genötigt wird, soll die Botschaft so liegen lassen, dass sie Ferdinand finden muss. Um ein Druckmittel auf Luise zu haben, werden Vater und Mutter Miller verhaftet.

Die Szenenfolge III, 1 bis III, 3 gehört dabei ganz den angepassten Figuren aus der Welt des Hofes: Präsident von Walter, Hofmarschall von Kalb sowie Wurm. Es bietet sich deshalb an, hier den Blick (noch einmal) auf diese Figuren zu lenken. Deutlich werden sollte, dass auch die Gestaltung dieser Figuren eine deutliche Zeitkritik darstellt.

Dass Hofmarschall von Kalb karikaturistische Züge trägt, ist leicht zu erkennen. Seine Existenz hängt von der Gnade des Herzogs ab („Sie sind ein Stuttierter! Aber ich? – Mon Dieu! Was bin dann ich, wenn mich seine Durchleucht entlassen?", III, 2) und mit geradezu lächerlich anmutender Ernsthaftigkeit betreibt er „dringende Geschäfte" wie „das Arrangement der Partien auf die heutige Schlittenfahrt" (I, 6). Vom Präsidenten lässt von Kalb sich instrumentalisieren, Ferdinand bezeichnet ihn somit in Szene IV, 3 zu Recht als „Memme".

Mit der Figur des Präsidenten von Walter wird dem Zuschauer ein Machtpolitiker schlimmster Prägung vorgestellt, der seine eigene Position nicht nur auf verbrecherische Weise erlangt hat (vgl. I, 7: „Wem hab ich durch die Hinwegräumung meines Vorgängers Platz gemacht – eine Geschichte, die desto blutiger in mein Inwendiges schneidet, je sorgfältiger ich das Messer der Welt verberge."), sondern der in diesem Machtspiel nicht einmal davor zurückschreckt, den eigenen Sohn wie eine Figur in einem Schachspiel zu benutzen: „Mein ganzer Einfluss ist in Gefahr, wenn die Partie mit der Lady zurückgeht, und wenn ich den Major zwinge, mein Hals." (III, 1) Der Präsident ist im Machtgefüge des Hofes aber zugleich selbst ein Getriebener, der gezwungen ist, seine Position immer aufs Neue zu verteidigen bzw. diese zu festigen, und der sich hierbei in Abhängigkeiten begeben muss (vgl. I, 5: „Er weiß, Wurm, wie sehr sich mein Ansehen auf den Einfluss der Lady stützt – wie überhaupt meine mächtigsten Springfedern in die Wallungen des Fürsten hineinspielen."), auch in eine Abhängigkeit von Wurm, der nicht nur um die Verbrechen des Präsidenten weiß, sondern ihn auch im eigenen Sinne instrumentalisiert, um schließlich Luise doch noch heiraten zu können.

Wurm schließlich steht als Haussekretär des Präsidenten in enger Beziehung zur absolutistischen Welt des Hofes, als Bewerber um die Hand Luises aber auch in enger Beziehung zur bürgerlichen Welt. In Bezug auf Luise und seine Sexualmoral macht er, wie er dem Präsidenten gesteht, „gern den Bürgersmann" (I, 5). Ihm ist aber auch jedes Mittel der höfischen Kabale recht, um Luise überhaupt für sich zu gewinnen (vgl. III, 1: „Vater und Mutter […] erkennen [es] noch zuletzt für Erbarmung, wenn ich der Tochter ihre Reputation wiedergebe."). Gerade weil er die Verhältnisse im Hause Miller so gut kennt, kann er mit geradezu teuflischer Kaltherzigkeit eine Intrige ins Werk setzen, die selbst dem Präsidenten Respekt abnötigt (vgl. III, 1: „Das Geweb' ist satanisch fein. Der Schüler übertrifft seinen Meister – –").

UE 7: III. Akt, 1. bis 3. Szene

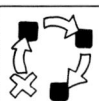

Stundenverlauf

Voraussetzung: Szenen III, 1 bis III, 3 sind gelesen worden

benötigte Materialien: –

Unterrichts-phasen	Zeit	Inhalte	Didaktisch-methodische Hinweise	Kompetenzen
Phase 1 Sicherung I	18	Besprechung Schreibaufgabe (→ HAB 6, Aufgabe 1)	Unterrichtsgespräch Die Schüler lesen ihre Arbeiten gegenseitig und machen sich jeweils konkrete Verbesserungsvorschläge. Alternativ könnten ein oder zwei Schüler ihre Arbeit vorlesen, die danach konstruktiv bewertet wird.	Texte bewerten und überarbeiten
Phase 2 Sicherung II	10	Besprechung HA: mündliche Zusammenfassung der Szenen III, 1 bis III, 3 (→ HAB 6, Aufgabe 2)	Unterrichtsgespräch Je ein Schüler fasst eine Szene mündlich zusammen; hat er die Zusammenfassung beendet, können die anderen Schüler ggf. inhaltlich ergänzen.	Texte mündlich zusammen-fassen
Phase 3 Erarbeitung I	5	Kurzcharakterisierung von Hofmarschall von Kalb (→ UAB 7, Aufgabe 1)	Einzelarbeit, anschließend Unterrichtsgespräch	eine literarische Figur charakterisieren
Phase 4 Erarbeitung II	35	Charakterisierung von Wurm (→ UAB 7, Aufgabe 2)	Gruppenarbeit, anschließend Ergebnispräsentation und Unterrichtsgespräch	eine literarische Figur charakterisieren; Textstellen im Zusammenhang betrachten
Phase 5 Sicherung	10	Beschreibung der Beziehung Wurm und Präsident von Walter (→ UAB 7, Aufgabe 3)	Einzelarbeit, anschließend Unterrichtsgespräch	Beziehung von literarischen Figuren bewerten
Phase 6 Transfer	10	Deutung der Figurengestaltung (→ UAB 7, Aufgabe 4)	Unterrichtsgespräch	die Anlage der Figuren bewerten
Phase 7	2	ggf. Hinweise zur Bearbeitung von HAB 7		

UE 7: III. Akt, 1. bis 3. Szene

UAB 7

1. Beschreiben Sie in wenigen Begriffen die Wirkung der Figur Hofmarschall von Kalb auf Sie.

2. Charakterisieren Sie stichwortartig die Figur Wurm. Berücksichtigen Sie dabei auch die beiden folgenden Textstellen aus der Szene I, 5. Selbstverständlich können Sie auf frühere Arbeitsergebnisse zurückgreifen.

> PRÄSIDENT. […] Dummer Teufel, was verschlägt es denn Ihm, ob Er die Karolin frisch aus der Münze oder vom Bankier bekommt. Tröst' Er sich mit dem hiesigen Adel – wissentlich oder nicht – bei uns wird selten eine Mariage geschlossen, wo nicht wenigstens ein halb Dutzend der Gäste – oder der Aufwärter – das Paradies des Bräutigams geometrisch ermessen kann.
> WURM *(verbeugt sich)*. Ich mache hier gern den Bürgersmann, gnädiger Herr.
> […]
> WURM. Nur vergessen Euer Exzellenz nicht, dass der Major – der Sohn meines Herrn ist!
> PRÄSIDENT. *Er* soll geschont werden, Wurm.
> WURM. Und dass der Dienst, Ihnen von einer unwillkommenen Schwiegertochter zu helfen –
> PRÄSIDENT. Den Gegendienst wert ist, Ihm zu einer Frau zu helfen? – Auch das, Wurm!
> WURM *(bückt sich vergnügt)*. Ewig der Ihrige, gnädiger Herr! *(Er will gehen.)*
> PRÄSIDENT. Was ich Ihm vorhin vertraut habe, Wurm! *(Drohend.)* Wenn Er plaudert –
> WURM *(lacht)*. So zeigen Ihr' Exzellenz meine falschen Handschriften auf. *(Er geht ab.)*
> PRÄSIDENT. Zwar bist du mir gewiss! Ich halte dich an deiner eigenen Schurkerei, wie den Schröter am Faden.

3. Stellen Sie dar, in welcher Beziehung Präsident von Walter und Wurm zueinander stehen.

4. Diskutieren Sie – auf der Grundlage Ihrer bisherigen Textkenntnis – die Bedeutung der Gestaltung der Figuren Hofmarschall von Kalb, Wurm und Präsident von Walter für die Textdeutung.

UE 7: III. Akt, 1. bis 3. Szene

Unterrichtsergebnisse

Unterrichts-phasen	Ergebnisse (Erwartungen)
Phase 1 = HAB 6, Aufgabe 1	Zu den Inhalten der Schreibaufgabe vgl. die Hinweise auf der ⊚. Zentraler als der Inhalt ist dabei das Schreiben an sich (v.a.: klare Gliederung, roter Faden, nachvollziehbare Argumentation bzw. Darstellung, korrekte Zitierweise).
Phase 3 = UAB 7, Aufgabe 1	mögliche Begriffe könnten sein: Lächerlichkeit, Oberflächlichkeit, ohne Rückgrat, Dummheit, Wichtigtuerei, …
Phase 4 = UAB 7, Aufgabe 2	früheres Arbeitsergebnis (vgl. UE 3): Wurm als „Memme", hat schon durch seinen Namen etwas Kriecherisches weitere Aspekte (als **Tafelanschrieb**): • Wurm stammt aus dem Bürgertum und vertritt – zumindest in familiärer Hinsicht – auch bürgerliche Moralvorstellung (vgl. I, 5: „Ich mache hier gern den Bürgersmann, gnädiger Herr.") • verhält sich (dem Präsidenten gegenüber) devot (vgl. I, 5: „*(verbeugt sich)*.", „*(bückt sich vergnügt)*") • Meister der Intrige (vgl. III, 1: „Das Geweb' ist satanisch fein."), an der er überdies seinen Spaß hat – aus dieser „Meisterschaft" lassen sich weitere Charaktereigenschaften ableiten, z.B.: intelligent, durchtrieben, kaltherzig (menschenverachtend) • Wurm mit Einblicken sowohl in die Wertvorstellung der bürgerlichen als auch der höfischen Welt (vgl. III, 1: „*Nichts* bei uns, gnädiger Herr. Bei *dieser* Menschenart alles")
Phase 5 = UAB 7, Aufgabe 3	Beziehung Präsident von Walter und Wurm • gegenseitiges Abhängigkeitsverhältnis durch das, was sie jeweils über die Vergangenheit des anderen wissen • haben ein gemeinsames Interesse, nämlich die Trennung von Luise und Ferdinand • von deutlichen Hierarchieunterschieden geprägt (Herkunft, gesellschaftliche Rolle, nicht zuletzt ist der Präsident Wurms Arbeitgeber)
Phase 6 = UAB 7, Aufgabe 4	Deutlich werden sollte, dass die Gestaltung der Figuren – und zwar über die Kammerszene hinaus – eine zeitkritische Deutung des Stückes nahelegt (und damit die Sicht auf das Trauerspiel als „Liebestragödie" ergänzt). Zu den Figuren (als **Tafelanschrieb**): • Präsident als Machtpolitiker, der über „Leichen" (und das Glück seines eigenen Sohnes) geht • Hofmarschall von Kalb als Repräsentant eines nur an sinn- und geistlosen Vergnügungen interessierten Fürsten, der sich nicht um das Wohl seiner Untertanen kümmert, sondern auf deren Kosten lebt • Wurm als bürgerlicher Emporkömmling, der sich allein als Kriecher und Intrigant in der höfischen Welt Geltung verschaffen kann

UE 7: III. Akt, 1. bis 3. Szene

HAB 7

1. Lesen Sie vorbereitend auf die nächste Stunde sowohl die Szenen 4 bis 6 des III. Aktes von *Kabale und Liebe* als auch den nachfolgenden Auszug aus Gustav Freytags Abhandlung *Die Technik des Dramas*.

Gustav Freytag: Die Technik des Dramas

Durch die beiden Hälften der Handlung, welche in einem Punkt zusammenschließen, erhält das Drama – wenn man die Anordnung durch Linien verbildlicht – einen pyramidalen Bau. Es steigt von der Einleitung mit dem Zutritt des erregenden Moments bis zu dem Höhenpunkt, und fällt von da bis zur Katastrophe. Zwischen diesen drei Teilen liegen die Teile der Steigerung und des
5 Falles. Jeder dieser fünf Teile kann aus einer Szene oder aus einer gegliederten Folge von Szenen bestehen, nur der Höhenpunkt ist gewöhnlich in einer Hauptszene zusammengefasst.
Diese Teile des Dramas, a) Einleitung, b) Steigerung, c) Höhenpunkt, d) Fall oder Umkehr, e) Katastrophe, haben jeder Besonderes in Zweck und Baueinrichtung. Zwischen ihnen stehen drei
10 wichtige szenische Wirkungen, durch welche die fünf Teile sowohl geschieden als verbunden werden. Von diesen drei dramatischen Momenten steht eines, welches den Beginn der bewegten Handlung bezeichnet, zwischen Einleitung und Steigerung, das zweite, Beginn der Gegenwirkung, zwischen Höhenpunkt und
15 Umkehr, das dritte, welches vor Eintritt der Katastrophe noch einmal zu steigern hat, zwischen Umkehr und Katastrophe. Sie heißen hier: das erregende Moment, das tragische Moment, das Moment der letzten Spannung. Die erste Wirkung ist jedem Drama nötig, die zweite und dritte sind gute, aber nicht unentbehrliche Hilfsmittel.
20 […]
In „Kabale und Liebe" z.B. ist das aufregende Moment des Stückes der Bericht des Wurm an den Vater, dass sein Ferdinand die Tochter des Musikus liebe. Von da steigt das Stück im Gegenspiel durch vier Stufen. *Erste Stufe* (der Vater fordert die Heirat mit der Milford) in zwei Szenen: Vorszene (er lässt durch Kalb die Verlobung bekannt machen), Hauptszene (er zwingt
25 den Sohn, die Milford zu besuchen). – *Zweite Stufe* (Ferdinand und die Milford): zwei Vorszenen, große Hauptszene (die Lady besteht darauf, ihn zu heiraten). – *Dritte Stufe:* zwei Vorszenen, große Hauptszene (der Präsident will Luise in Haft nehmen, Ferdinand widersteht). – *Vierte Stufe:* zwei Szenen (Plan des Präsidenten mit dem Briefe und die Verschwörung der Schurken). Darauf folgt der Höhenpunkt. Hauptszene: die Abfassung des Briefes. Auch dieses
30 Stück hat die Eigentümlichkeit, zwei Haupthelden zu haben, die beiden Liebenden.
Der Inhalt des Dramas ist allerdings peinlich, aber der Bau ist bei einiger Unbehilflichkeit in der Szenenführung doch im Ganzen regelmäßig und besonderer Beachtung wert, weil er weit mehr durch richtige Empfindung des jungen Dichters, als durch sichere Technik hervorgebracht ist.

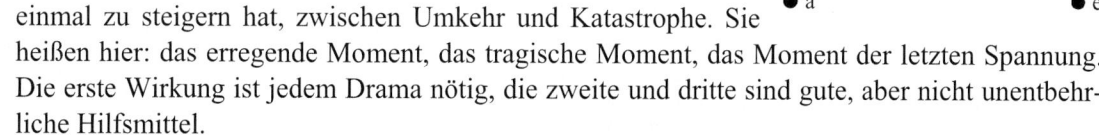

2. Betrachten Sie den Aufbau des III. Aktes als Ganzes. Stellen Sie dar, welche Szene Ihrer Meinung nach im Zentrum des III. Aktes steht.

_____
_____
_____
_____
_____

UE 8: III. Akt, 4. bis 6. Szene

Hintergrundinformationen

Ein Blick auf die Gesamtanlage des Dramas (vgl. die entsprechende Übersicht in den Hintergrundinformationen zu UE 3) zeigt, dass der Bau nach den Prinzipien Gegensätzlichkeit und Symmetrie angelegt ist. So wechseln in den ersten drei Akten die Handlungsorte symmetrisch zwischen den gegensätzlichen Welten des Bürgertums und der Welt des absolutistischen Hofes. Der IV. Akt bildet hier nur scheinbar eine Ausnahme. Zwar sind sowohl der „Saal beim Präsidenten" als auch der „Saal bei der Lady" der Welt des absolutistischen Hofes zuzuordnen, doch vollzieht sich in der Szenenfolge, die im „Saal bei der Lady" spielt, ja gerade die Abkehr der Lady (sowie von Sophie) von eben dieser Welt. Auffällig ist überdies, dass außer Lady Milford selbst in den Szenen 6 bis 9 des 4. Aktes nur Vertreter der bürgerlichen Welt auftreten.

Sieht man genauer auf die Auftritte der verschiedenen Figuren auf den Schauplätzen, zeigt sich, dass es nur drei Szenenfolgen gibt, in denen (fast) ausschließlich Figuren auftreten, die dem Hof zuzuordnen sind. Es sind dies die drei Szenen im „Saal des Präsidenten" und damit die Szenen, in denen die Intrigen gegen Luise und Ferdinand gesponnen werden:

- I, 5 – I, 7: Intrige des Präsidenten: Ferdinand soll Lady Milford heiraten.
- III, 1 – III, 3: Intrige von Wurm: Luise soll gezwungen werden, Ferdinand eifersüchtig zu machen.
- IV, 1 – IV, 5: Präsident von Walter erklärt sich heuchlerisch mit der Verbindung von Luise und Ferdinand einverstanden.

Unter dem Gesichtspunkt der Kabale erweist sich also der III. Akt als zentral, denn hier wird jene Intrige ins Werk gesetzt, die sich letztlich insofern als erfolgreich erweist, als eine irdische Verbindung zwischen Luise und Ferdinand unmöglich geworden ist. Dies gilt aber auch unter dem Gesichtspunkt der Liebe. Betrachtet man noch einmal gesondert die Szenenfolgen, in denen Ferdinand und Luise einen gemeinsamen Auftritt haben, ergibt sich folgendes Bild:

- I, 1 – I, 4: das erste Bild der beiden Liebenden
- II, 4 – II, 7: der Liebesschwur Ferdinands und die Verteidigung Luises gegen seinen Vater
- III, 4 – III, 6: Ferdinands Fluchtpläne und Luises Pflichtverständnis; Ferdinands Zweifel an Luises Aufrichtigkeit
- V, 1 – V, 8: Tod der beiden, zugleich Aufdeckung der wahren Zusammenhänge

Blickt man so auf die Komposition des Dramas, kann man weder eine „Unbehilflichkeit in der Szenenführung" (vgl. Gustav Freytag, HAB 7) erkennen noch wird man den Höhepunkt der Handlung in Szene III, 6 (Abfassung des Briefes) ansiedeln. Es ist vielmehr die Szene III, 4, die nicht nur symmetrisch den Mittelpunkt des ganzen Trauerspiels, sondern auch den inhaltlichen Höhepunkt (Klimax) darstellt, sind es doch letztlich Ferdinands Zweifel an Luises Aufrichtigkeit, die schließlich zum Tode der beiden führen.

UE 8: III. Akt, 4. bis 6. Szene

Stundenverlauf

Voraussetzung: Szenen III, 4 bis III, 6 sind gelesen worden

benötigte Materialien: –

Unterrichts-phasen	Zeit	Inhalte	Didaktisch-methodische Hinweise	Kompetenzen
Phase 1 Erarbeitung I	30	inhaltliche Gliederung der Szene III, 4 erarbeiten (→ UAB 8, Aufgabe 1)	Gruppenarbeit, anschließend Ergebnispräsentation und Unterrichtsgespräch	einen Text gliedern und inhaltlich erschließen
Phase 2 Erarbeitung II	30	Sprache und Gesprächsverhalten der Figuren in III, 4 untersuchen (→ UAB 8, Aufgabe 2)	Gruppenarbeit, anschließend Ergebnispräsentation und Unterrichtsgespräch	Sprache und Gesprächsverhalten von literarischen Figuren beschreiben
Phase 3 Erarbeitung III/ Transfer	15	Deutung der Szene III, 4 (→ UAB 8, Aufgabe 3)	Unterrichtsgespräch Hier sollten die Analyseergebnisse aus den Aufgaben 1 und 2 einfließen; zu achten wäre darauf, dass die Schüler am Text begründen.	eine Szene bewerten; sich sach- und textbezogen austauschen
Phase 4 Sicherung/ Transfer	13	über den Höhepunkt des Dramas reflektieren (→ UAB 8, Aufgabe 4)	Unterrichtsgespräch Die Aufgabe hat zunächst eine sichernde Funktion, indem hier die Arbeitsergebnisse aus HAB 7 in das Unterrichtsgespräch einfließen sollen. Die Schüler sollen dann aber auch Szene III, 6 bewerten (siehe hierzu auch Klausurvorschlag 1). Zum Einstieg in die Erschließung der Szene III, 6 könnten die Schüler ggf. auch ein Standbild bauen.	eine Szene bewerten; sich sach- und textbezogen austauschen
Phase 5	2	ggf. Hinweise zur Bearbeitung von HAB 8		

UE 8: III. Akt, 4. bis 6. Szene

UAB 8

1. Gliedern Sie die Szene III, 4 in sechs Gesprächsphasen. Fassen Sie jeweils deren Inhalt stichwortartig zusammen. Arbeiten Sie in Gruppen.

Phase	Zusammenfassung
1	
2	
3	
4	
5	
6	

2. Untersuchen Sie ebenfalls in Gruppen Sprache und Gesprächsverhalten der Figuren. Halten Sie stichwortartig Auffälligkeiten fest.

Sprache	Gesprächsverhalten

3. Diskutieren Sie, wie sich die Szene III, 4 deuten lässt.

4. Diskutieren Sie, ob Sie den Höhepunkt des Dramas in Szene III, 4 erreicht sehen oder erst in Szene III, 6.

UE 8: III. Akt, 4. bis 6. Szene

Unterrichtsergebnisse

Unterrichts-phasen	Ergebnisse (Erwartungen)
Phase 1 = UAB 8, Aufgabe 1	inhaltliche Gliederung: • **Phase 1:** Ferdinand hat mit seinem Vater und dem alten Leben gebrochen; für ihn zähle nur die Liebe zu Luise; er will mit Luise fliehen. • **Phase 2:** Luise erinnert Ferdinand an seine Pflichten. Sie möchte auch ihren Vater nicht mit auf die Flucht nehmen, weil sie in der Flucht einen „Frevel" sieht und den „Fluch" und die Verfolgung durch den Präsidenten fürchtet. • **Phase 3:** Luise präzisiert ihre Gründe dafür, nicht gemeinsam mit Ferdinand (und dem Vater) fliehen zu wollen. Ferdinands Herz gehöre seinem Stand, eine Flucht würde „die Fugen der Bürgerwelt auseinander treiben und die allgemeine ewige Ordnung zu Grund stürzen". Luise sieht sich aufgrund ihres ursprünglichen Wunsches, mit Ferdinand zusammen zu sein, als Verbrecherin, die nun ihre Strafe (= die Trennung von Ferdinand) erhält. • **Phase 4:** Ferdinand verliert angesichts der Weigerung Luises die Fassung. Luise versucht, ihn zu beruhigen und zeichnet das Bild ihrer Zukunft: Ferdinand sollte eine Edle heiraten, ihre eigene Zukunft sei „leer und erstorben". • **Phase 5:** Noch einmal fragt Ferdinand, ob Luises Entschluss feststehe, was diese bestätigt. • **Phase 6:** Ferdinand bezichtigt Luise der Lüge und droht ihr, falls sich sein Verdacht, dass Luise einen Liebhaber habe, bestätigen sollte.
Phase 2 = UAB 8, Aufgabe 2	**Tafelanschrieb:** | Sprache	Gesprächsverhalten
• weitgehend gehoben • viele sprachliche Bilder (z.B. „Blutgeld des Vaterlands", „unbarmherzig wie ein Gespenst", „Fugen der Bürgerwelt") • attributreiche Sprache (z.B. „glühende Wange der Freude", „mit frechen, törichten Wünschen") • Zentralbegriffe „Pflicht" und „Liebe"	• Luise eröffnet das Gespräch mit der Bitte um einen Gesprächsabbruch, die noch zweimal wiederholt wird. • Luise spricht im ersten Gesprächsteil nur wenig. • Im Mittelteil sind die Redeanteile jeweils etwa gleich lang. • Im letzten Teil trägt Luise mehr zum Dialog bei. • Ferdinands und Luises Gesprächsverhalten ist durch Regieanweisungen aussagekräftig beschrieben.	
Phase 3 = UAB 8, Aufgabe 3	Folgende Aspekte könnten in der Diskussion Berücksichtigung finden: • Szene zeigt Umschwung in der Stimmung Ferdinands, dessen anfängliche Liebesbeteuerungen in Beleidigung und Bedrohung umschlagen. • Zentralbegriffe sind „Pflicht" und „Liebe": Während die „Liebe" bei Ferdinand auch von „Wut" und „Verzweiflung" begleitet ist, bedeuten die Begriffe „Liebe" und „Herz" für Luise auch „Gram" und „Tränen". • Luise bekräftigt inhaltlich in dieser Szene, was sie bereits bei ihrem ersten Auftritt formuliert hat: „Ich entsag ihm für dieses Leben." (I, 3) • Verdacht Ferdinands, Luise könnte einen Liebhaber haben, ist die Voraussetzung für das Gelingen der ins Werk gesetzten Intrige.

UE 8: III. Akt, 4. bis 6. Szene

HAB 8

1. Lesen Sie den folgenden Auszug aus der „Poetik" des Aristoteles. Fassen Sie stichwortartig zusammen, wie Aristoteles Mythos (= Handlung) bestimmt.

> **Aristoteles: Poetik (Auszug aus dem 6. Kapitel)**
>
> Von derjenigen Kunst, die in Hexametern nachahmt, und von der Komödie wollen wir später reden; jetzt reden wir von der Tragödie, wobei wir die Bestimmung ihres Wesens aufnehmen, wie sie sich aus dem bisher Gesagten ergibt. Die Tragödie ist Nachahmung einer guten und in sich geschlossenen Handlung von bestimmter Größe, in anziehend geformter Sprache, wobei
> 5 diese formenden Mittel in den einzelnen Abschnitten je verschieden angewandt werden – Nachahmung von Handelnden und nicht durch Bericht, die Jammer und Schaudern hervorruft und hierdurch eine Reinigung von derartigen Erregungszuständen bewirkt. Ich bezeichne die Sprache als anziehend geformt, die Rhythmus und Melodie besitzt; ich meine mit der je verschiedenen Anwendung der formenden Mittel die Tatsache, dass einiges nur mit Hilfe von Versen und
> 10 anderes wiederum mit Hilfe von Melodien ausgeführt wird.
>
> Da handelnde Personen die Nachahmung vollführen, ist notwendigerweise die Inszenierung der erste Teil der Tragödie; dann folgen die Melodik und die Sprache, weil dies die Mittel sind, mit denen die Nachahmung vollführt wird. Ich verstehe unter Sprache die im Vers zusammengefügten Wörter und unter Melodik das, was seine Wirkung ganz und gar im Sinnlichen entfaltet.
> 15 Nun geht es um Nachahmung von Handlung, und es wird von Handelnden gehandelt, die notwendigerweise wegen ihres Charakters und ihrer Erkenntnisfähigkeit eine bestimmte Beschaffenheit haben. (Es sind ja diese Gegebenheiten, auf Grund derer wir auch den Handlungen eine bestimmte Beschaffenheit zuschreiben, und infolge der Handlungen haben alle Menschen Glück oder Unglück.) Die Nachahmung von Handlung ist der Mythos. Ich verstehe hier unter Mythos
> 20 die Zusammensetzung der Geschehnisse, unter Charakteren das, im Hinblick worauf wir den Handelnden eine bestimmte Beschaffenheit zuschreiben, unter Erkenntnisfähigkeit das, womit sie in ihren Reden etwas darlegen oder auch ein Urteil abgeben.
>
> Demzufolge enthält jede Tragödie notwendigerweise sechs Teile, die sie so oder so beschaffen sein lassen. Diese Teile sind: Mythos, Charaktere, Sprache, Erkenntnisfähigkeit, Inszenierung
> 25 und Melodik. Die Mittel, mit denen nachgeahmt wird, sind zwei; die Art, wie nachgeahmt wird, ist eine; die Gegenstände, die nachgeahmt werden, sind drei; und darüber hinaus gibt es nichts. Nicht wenige bedienen sich dieser Teile, um gewissermaßen selbstständige Arten daraus zu machen; immerhin besteht jedes Stück in gleicher Weise aus Inszenierung, Charakteren, Mythos, Sprache, Melodik und Erkenntnisfähigkeit.
> 30 Der wichtigste Teil ist die Zusammenfügung der Geschehnisse. Denn die Tragödie ist nicht Nachahmung von Menschen, sondern von Handlung und von Lebenswirklichkeit. (Auch Glück und Unglück beruhen auf Handlung, und das Lebensziel ist eine Art Handlung, keine bestimmte Beschaffenheit, und infolge ihrer Handlungen sind sie glücklich oder nicht.) Folglich handeln die Personen nicht, um Charaktere nachzuahmen, sondern um der Handlungen willen beziehen
> 35 sie Charaktere ein. Daher sind die Geschehnisse und der Mythos das Ziel der Tragödie; das Ziel aber ist das Wichtigste von allem. […]

_____

_____

_____

_____

2. Lesen Sie vorbereitend auf die nächste Stunde die Szenen 1 bis 5 des IV. Aktes von *Kabale und Liebe*.

UE 9: IV. Akt, 1. bis 5. Szene

Hintergrundinformationen

Was sich in Szene III, 4 schon andeutet (vgl.: „Schlange, du lügst. Dich fesselt was anders hier."), findet nun seine Fortsetzung: Wie von Wurm und dem Präsidenten beabsichtigt, findet Ferdinand Luises Brief. Ferdinand sieht sich bestätigt („Das also war's, warum man sich so beharrlich der Flucht widersetzte!", IV, 2) und sinnt auf Rache. Zunächst an Hofmarschall von Kalb, den er zum Duell fordern möchte. Obwohl ihm der Hofmarschall in dieser Szene (IV, 3) aus Angst die Wahrheit gesteht, ist Ferdinand zu überzeugt von Luises vermeintlichem Betrug, als dass er von Kalb glaubt, den er schließlich voller Verachtung („Für deinesgleichen ist kein Pulver erfunden!", IV, 3) wieder verlässt. Der folgende Monolog zeigt Ferdinands Verblendung im ganzen Ausmaß; er plant nun die Vereinigung mit Luise durch den Tod („Die Vermählung ist fürchterlich – aber ewig!", IV, 4). Zuvor jedoch möchte er seinen Vater noch um Verzeihung bitten. Als ihm der Präsident vorheuchelt, nun nichts mehr gegen eine Verbindung Ferdinands mit Luise einwenden zu wollen („Ich rechne ihre Tugend für Ahnen, und ihre Schönheit für Gold. […] Sie sei dein!", IV, 5), stürzt Ferdinand aus dem Zimmer.

Die Szenenfolge bietet sich an, den Blick noch einmal auf die Figur Ferdinand zu lenken und diesen zu charakterisieren (in UAB 9 über seine Beziehung zu Luise):
Als Sohn des Präsidenten Walter hat Ferdinand bereits in jungen Jahren rasche Karriere am Hofe gemacht, die, nach dem Willen des Vaters, weiter ganz nach oben führen soll (vgl. Szene I, 7). Doch Ferdinand hat sich von der Welt des absolutistischen Hofs entfremdet, weil er die Praktiken am Hof im Allgemeinen und die seines Vaters im Besonderen kennt und verabscheut (vgl. Wurm in III, 1: „Er verabscheut das Mittel, wodurch Sie gestiegen sind."). Er ist, wie erneut Wurm feststellt, geleitet von „phantastischen Träumereien von Seelengröße und persönlichem Adel" (ebd.). Ferdinand vertritt damit – wie Luise auch – Ideale der bürgerlichen Aufklärung, indem er Werte wie Ehre oder Adel als moralisch-ethische und nicht als ständische Werte begreift.
Weil Ferdinand außerdem über ein großes Selbstbewusstsein verfügt, ist es vor dem Hintergrund dieser Einstellung nicht überraschend, dass er gemeinsam mit „seiner" Luise der absolutistischen Welt des Hofes entfliehen und mit den dort herrschenden Normen brechen will (vgl. III, 1: „Der Sohn wird den Vater in die Hände des Henkers liefern – Es ist die höchste Gefahr – – und die höchste Gefahr musste da sein, wenn meine Liebe den Riesensprung wagen sollte.").
Die zuletzt zitierte Textstelle ist noch aus einem weiteren Grund charakteristisch für Ferdinand, spricht er doch von „meiner Liebe" – statt, wie man erwarten dürfte, von „unserer Liebe". Ferdinands egozentrischer Liebesanspruch ist von Beginn an spürbar. Was anfangs jedoch noch als ausdrucksstarkes Bild der eigenen Gefühlswelt gesehen werden kann (vgl. I, 4: „Mir vertraue dich. Du brauchst keinen Engel mehr"), erweist sich im Fortgang der Handlung immer mehr als ein Anspruch, der die absolute Unterwerfung Luises unter seine Wünsche fordert, so wie aus dem „Engel" ein „Gott" geworden ist (vgl. IV, 3: „Schwelgtest, wo ich einen Gott mich fühlte?"). Wie der Haussekretär Wurm schon Luises starke Bindung an den Vater von Anfang an durchschaut hatte, schätzt er auch Ferdinand richtig ein: „Ich müsste mich schlecht auf den Barometer der Seele verstehen, oder der Herr Major ist in der Eifersucht schrecklich, wie in der Liebe." (III, 1)
Ferdinands Eifersucht und Selbstbezogenheit lassen ihn seinen eigenen Willen und seine eigenen Wünsche absolut setzen, er unternimmt so noch nicht einmal den Versuch, Luises innere Konflikte zu verstehen.

UE 9: IV. Akt, 1. bis 5. Szene

Stundenverlauf

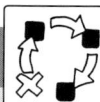

Voraussetzung: Szenen IV, 1 bis IV, 5 sind gelesen worden

benötigte Materialien: –

Unterrichts-phasen	Zeit	Inhalte	Didaktisch-methodische Hinweise	Kompetenzen
Phase 1 Sicherung I	8	„Mythos" bei Aristoteles (→ HAB 8, Aufgabe 1)	Unterrichtsgespräch Die Besprechung kann zur Bearbeitung von UAB 9, Aufgabe 1, überleiten, aber auch durch diese ergänzt werden.	einen Sachtext inhaltlich erschließen und zusammenfassen
Phase 2 Erarbeitung I	10	Auszug aus Lessings *Hamburgische Dramaturgie* (14. Stück) (→ UAB 9, Aufgabe 1)	Unterrichtsgespräch, Lehrervortrag Die Schüler sollen hier mit den Begriffen „Ständeklausel" und „Katharsis"-Lehre (mit Blick auf die Gattung des bürgerlichen Trauerspiels) vertraut werden.	einen Sachtext inhaltlich erschließen und zusammenfassen
Phase 3 Sicherung II	10	Einordnung der Szene IV, 2, Sicherung der Textkenntnis (→ UAB 9, Aufgabe 2)	Unterrichtsgespräch	einen Textauszug im Gesamtzusammenhang betrachten
Phase 4 Erarbeitung II	60	Charakterisierung Ferdinands über seine Beziehung zu Luise (→ UAB 9, Aufgabe 3)	Gruppenarbeit, anschließend Ergebnispräsentation und Unterrichtsgespräch Die Schüler sollten hier auf ihre Vorarbeiten (vgl. UE 3) zurückgreifen. Die Bearbeitung der Aufgabe macht ggf. die wiederholende Lektüre von diversen Textstellen notwendig. – Ergänzend zu HAB 9 könnte auch eine schriftliche Ausarbeitung der Aufgabe als HA gefordert werden.	literarische Figuren charakterisieren; Informationen mündlich präsentieren; sich sach- und textbezogen austauschen
Phase 5	2	ggf. Hinweise zur Bearbeitung von HAB 9		

UE 9: IV. Akt, 1. bis 5. Szene

UAB 9

1. Lesen Sie den folgenden Auszug aus dem 14. Stück der *Hamburgischen Dramaturgie* von Gotthold Ephraim Lessing und fassen Sie die Hauptaussage zusammen.

Gotthold Ephraim Lessing: Hamburgische Dramaturgie
Vierzehntes Stück
Den 16. Junius 1767

Das bürgerliche Trauerspiel hat an dem französischen Kunstrichter, welcher die „Sara" seiner Nation bekannt gemacht[1], einen sehr gründlichen Verteidiger gefunden. Die Franzosen billigen sonst selten etwas, wovon sie kein Muster unter sich selbst haben.

Die Namen von Fürsten und Helden können einem Stücke Pomp und Majestät geben; aber zur
5 Rührung tragen sie nichts bei. Das Unglück derjenigen, deren Umstände den unsrigen am nächsten kommen, muss natürlicherweise am tiefsten in unsere Seele dringen; und wenn wir mit Königen Mitleiden haben, so haben wir es mit ihnen als mit Menschen, und nicht als mit Königen. Macht ihr Stand schon öfters ihre Unfälle wichtiger, so macht er sie darum nicht interessanter. Immerhin mögen ganze Völker darein verwickelt werden; unsere Sympathie erfordert einen ein-
10 zeln Gegenstand, und ein Staat ist ein viel zu abstrakter Begriff für unsere Empfindungen.

„Man tut dem menschlichen Herze unrecht", sagt auch Marmontel[2], „man verkennt die Natur, wenn man glaubt, dass sie Titel bedürfe, uns zu bewegen und zu rühren. Die geheiligten Namen des Freundes, des Vaters, des Geliebten, des Gatten, des Sohnes, der Mutter, des Menschen überhaupt: diese sind pathetischer als alles; diese behaupten ihre Rechte immer und ewig. Was
15 liegt daran, welches der Rang, der Geschlechtsname, die Geburt des Unglücklichen ist, den seine Gefälligkeit gegen unwürdige Freunde und das verführerische Beispiel ins Spiel verstrickt, der seinen Wohlstand und seine Ehre darüber zugrunde gerichtet, und nun im Gefängnisse seufzet, von Scham und Reue zerrissen? [...]"

[1] Journal Etranger, Décembre 1761 [= Anmerkung von Lessing im Original]
[2] Jean-François Marmontel (1723–1799), französischer Schriftsteller

2. Ordnen Sie die folgende Textstelle aus *Kabale und Liebe* in den Gesamtzusammenhang der Handlung ein.

Szene IV, 2
FERDINAND. Es ist nicht möglich! nicht möglich! Diese himmlische Hülle versteckt kein so teuflisches Herz – – Und doch! doch! Wenn alle Engel heruntergestiegen, für ihre Unschuld bürgten – wenn Himmel und Erde, wenn Schöpfung und Schöpfer zusammenträten, für ihre Unschuld bürgten – es ist ihre Hand – Ein unerhörter, ungeheurer Betrug, wie die Menschheit noch keinen erlebte! – Das also war`s, warum man sich so beharrlich der Flucht widersetzt! – Darum – o Gott! jetzt erwach ich, jetzt enthüllt sich mir alles! – Darum gab man seinen Anspruch auf meine Liebe mit so viel Heldenmut auf, und bald, bald hätte selbst mich die himmlische Schminke betrogen!

3. Stellen Sie dar, was die Textstelle oben über Ferdinands Charakter aussagt. Bewerten Sie anschließend seine Beziehung zu Luise. Berücksichtigen Sie hierbei auch die folgende Textstelle.

Szene I, 4
FERDINAND. [...] Du bist meine Luise. Wer sagt dir, dass du noch etwas sein solltest? Siehst du, Falsche, auf welchem Kaltsinn ich dir begegnen muss. Wärest du ganz nur Liebe für mich, wann hättest du Zeit gehabt, eine Vergleichung zu machen? Wenn ich bei dir bin, zerschmilzt meine Vernunft in einen Blick – in einen Traum von dir, wenn ich weg bin, und du hast noch eine Klugheit neben deiner Liebe? – Schäme dich! Jeder Augenblick, den du an diesen Kummer verlorst, war deinem Jüngling gestohlen.

UE 9: IV. Akt, 1. bis 5. Szene

Unterrichtsergebnisse

Unterrichts-phasen	Ergebnisse (Erwartungen)
Phase 1 = HAB 8, Aufgabe 1	Aristoteles unterscheidet zunächst: • Art der Nachahmung: Inszenierung • Mittel der Nachahmung: Sprache, Melodik • Gegenstände der Nachahmung: Mythos (= Handlung), Charaktere, Erkenntnisfähigkeit „Handlung" nach Aristoteles: • Mythos = „Zusammensetzung der Geschehnisse" • muss gut und in sich geschlossen sein • darf nicht berichten • Jammer (= „Mitleid" bei Lessing und Schiller) und Schaudern hervorrufen und dadurch eine Reinigung („Katharsis") von solchen Erregungszuständen bewirken
Phase 2 = UAB 9, Aufgabe 1	Die Hamburgische Dramaturgie (entstanden zwischen 1767 und 1769) stellt eine Sammlung von Theaterkritiken dar, die Gotthold Ephraim Lessing (1729–1781) als Dramaturg am Deutschen Nationaltheater in Hamburg verfasst hat und die grundsätzliche Überlegungen zur Poetik bzw. Dramentheorie enthält: Der Ausschnitt argumentiert gegen die Ständeklausel, nach der nur die Schicksale von Königen, Fürsten und anderen hohen Standespersonen in Tragödien dargestellt werden sollten, denn nur hier sei die „Fallhöhe" so hoch, dass Ausweglosigkeit und tragisches Scheitern nachvollziehbar sei. Verwiesen wird darauf, dass das Mitleid (vgl. dazu den „Jammer" bei Aristoteles) sich auf einen Menschen, nicht auf dessen sozialen Status beziehe.
Phase 3 = UAB 9, Aufgabe 2	Auszug aus Szene IV, 2 • Ferdinand hat den Brief, den Wurm Luise in III, 6 schreiben ließ, gefunden: Der Brief zeigt die beabsichtigte Wirkung, Ferdinand sinnt nun auf „Tod und Rache" (IV, 2), was zuerst Hofmarschall von Kalb (Szene IV, 3), dann Luise (vgl. IV, 4) treffen soll. • Die Szene belegt Wurms Einschätzung von Ferdinands Charakter (vgl. III, 1: „in der Eifersucht schrecklich, wie in der Liebe.").
Phase 4 = UAB 9, Aufgabe 3	Zum Charakter Ferdinands siehe die Hintergrundinformationen zur Unterrichtseinheit. • Textstelle 1 zeigt über Ferdinands Eifersucht hinaus seine Selbstüberschätzung und Empfindlichkeit (der Betrug einer Frau an ihm ist gleichbedeutend einem „ungeheure[n] Betrug, wie die Menschheit noch keinen erlebte") sowie seinen berechnenden Liebesbegriff (vgl. „Anspruch auf meine Liebe"). • Textstelle 2 belegt die Ich-Bezogenheit Ferdinands und damit zugleich der Mangel an echtem (tieferen, liebenden) Interesse für Luise, die „nur Liebe für [ihn]" sein soll.

UE 9: IV. Akt, 1. bis 5. Szene

HAB 9

1. Lesen Sie vorbereitend auf die nächste Stunde die Szenen 6 und 7 des IV. Aktes von *Kabale und Liebe* sowie den folgenden Auszug aus einer Literaturgeschichte.

Theo Herold/Hildegard Wittenberg: Zur Literatur im Sturm und Drang

Der Begriff „Sturm und Drang" bezeichnet jene nur kurze literarische Bewegung in den beiden Jahrzehnten vor der Französischen Revolution, die ihren Höhepunkt in den 70er Jahren hat, während Schiller mit seinen Jugenddramen bereits als Nachzügler gilt. Den Begriff kannten und brauchten schon die Zeitgenossen. Ursprünglich der Titel eines Schauspiels von Friedrich Ma-
5 ximilian Klinger (1776), setzte sich „Sturm und Drang" rasch als Bezeichnung für ein gewandeltes Lebensgefühl durch, das eine Generation junger Autoren, vorzugsweise im Alter von zwischen 20 und 30 Jahren miteinander vereinte. Der Begriff „Genieepoche" bzw. „Geniezeit", der verschiedentlich vorgezogen wird, verweist darauf, dass die Stürmer und Dränger sich selbst gern „Originalgenies" nannten, während sie von anderen oft spöttisch-distanziert als „Kraftge-
10 nies" apostrophiert wurden.

Nicht nur zeitlich, auch lokal lässt sich die Bewegung leicht eingrenzen: Der Kreis um *Herder*, *Goethe*, *Wagner*, *Merck* und *Lenz* (zuerst in Straßburg, dann in Frankfurt und Wetzlar) gibt in den Jahren 1770–1773 die entscheidenden Impulse, eine weitere Gruppe in Göttingen (vor allem *Voß* und *Bürger*), schließlich der schwäbische Kreis (*Schubart*, *Weckherlin* und der junge
15 *Schiller*) kommen hinzu – damit sind bereits die wichtigsten Träger der Bewegung und ihre regionale Zentren genannt. […]

Der Sturm und Drang hat *keine systematische Poetik* entwickelt. Es lassen sich jedoch einige Schriften und Abhandlungen nennen, die für das neue literarische Programm in besonderer Weise positionsbildend sind. Der von Herder herausgegebene Sammelband „Von deutscher Art
20 und Kunst" (1773), der neben Herders „Shakespeare"-Aufsatz auch Goethes Schrift „Von deutscher Baukunst" enthält, Goethes Rede „Zum Shakespearetag" (1771) und die „Anmerkungen übers Theater" von Lenz (1771–1774) gehören dazu, auch Schillers Abhandlungen über das deutsche Theater, vor allem sein Aufsatz „Die Schaubühne als eine moralische Anstalt betrachtet" (in einer ersten Fassung 1785 erschienen), jedoch mit der Einschränkung, dass hier die auf-
25 klärerische Tradition sehr viel stärker zum Ausdruck kommt als in den anderen Beiträgen.

In den genannten programmatischen Abhandlungen des Sturm und Drang stehen einige Kategorien und Begriffe im Mittelpunkt, die bereits in der Ästhetik der Aufklärung eine wesentliche Rolle spielen, nunmehr aber spezifische Bedeutungserweiterungen bzw. Umwertungen erfahren. In der neuen Genielehre treten die Veränderungen besonders deutlich hervor. Im Sinne Gott-
30 scheds hat ein Dichter Genie, wenn er Witz, Scharfsinn, Einbildungskraft, Gelehrsamkeit und Geschmack in sich vereinigt. Fähigkeiten, deren Zusammenwirken die Vernunft besorgt. Bei Herder, Goethe, Lenz u.a. erfährt der Begriff demgegenüber eine wesentliche Bedeutungserweiterung, indem er für die keinerlei ästhetischen oder politisch-moralischen Normen unterworfene Schaffenskraft des Künstlers steht und damit für dessen Individualität, die neben der Vernunft
35 nun auch die gesamten emotionalen Kräfte mit umfasst. „Kraft", „Empfindung", „Gefühl", „Liebe", „Herz", Individualität als Einheit von Geist, Seele und Leib – das sind die zentralen Vorstellungen. Ihnen liegt ein ganzheitliches Menschenbild zugrunde, in dem „Sinne und Leidenschaften" nicht mehr als wider die Harmonie der Vernunft agierende Störelemente, sondern als produktive Kräfte begriffen werden. In diesem Sinne spielt der Sturm und Drang also nicht
40 das Gefühl gegen den Verstand aus, sondern er fordert die Verwirklichung und Entfaltung aller menschlichen Kräfte und Fähigkeiten.

Was für den Menschen allgemein gilt, gilt für den *Künstler* in besonderer Weise. Die Analogie zu einer göttlichen Schöpferkraft wird immer bemüht, um den besonderen Anspruch dieses Konzeptes zu verdeutlichen. Wie Gott als „Poet am Anfang der Taten" (Hamann) die Natur und
45 den Menschen geschaffen hat, so verwirklicht sich der Künstler im Kunstwerk. Der Künstler als ein zweiter Prometheus: Goethe hat in seiner bekannten Hymne (1774) dafür ein Beispiel gegeben. Shakespeare, Homer, Ossian – das sind die großen literarischen Vorbilder.

UE 10: IV. Akt, 6. und 7. Szene

Hintergrundinformationen

Zentrale Szene im zweiten Teil des IV. Aktes ist die Szene IV, 7, in der es zum Gespräch zwischen Lady Milford und Luise kommt. Lady Milford, die Luise zu sich befohlen hat, bietet Luise die Stelle als Kammerjungfer an, die diese jedoch stolz ablehnt (vgl.: „... welche Folter für Sie, im Gesicht Ihres Dienstmädchens die heitre Ruhe zu lesen, womit die Unschuld ein reines Herz zu belohnen pflegt."). Da Lady Milford um die moralische Verworfenheit des Hofes weiß und zugleich die innere Größe Luises erkennt, bietet sie sich Luise als Freundin an, wenn diese Ferdinand entsagt. Damit aber verkennt sie Luises Absicht: „Freiwillig tret ich Ihnen ab den Mann, den man mit Haken der Hölle von meinem blutenden Herzen riss. […] Reißen Sie ihn zum Altar – Nur vergessen Sie nicht, dass zwischen Ihren Brautkuss das Gespenst einer Selbstmörderin stürzen wird." Nun erst erkennt Lady Milford, in welcher inneren Situation sich Luise befindet. Erschüttert beschließt sie, den Hof zu verlassen und zu ihrem früheren Leben als arme, aber stolze Britin Johanna von Norfolk zurückzukehren.

Nachdem in der vorherigen Szenenfolge Ferdinand fokussiert wurde, bietet sich diese Szenenfolge an, noch einmal den Blick auf die zentrale Gestalt des Dramas, nämlich die 16-jährige Luise, zu lenken.

Diese ist zunächst durch die starke Bindung an ihren bürgerlichen Stand charakterisiert, was insbesondere eben jenes Gespräch mit Lady Milford in Szene IV, 7 zeigt. Luise verneint dort nicht nur, über ihre Herkunft zu erröten, sondern fragt die Lady sehr direkt: „Hat dieses Herz auch die lachende Gestalt Ihres Standes? Und wenn wir jetzt Brust gegen Brust, und Schicksal gegen Schicksal auswechseln sollten – und wenn ich in kindlicher Unschuld – und wenn ich auf Ihr Gewissen – und wenn ich als meine Mutter Sie fragte – würden Sie mir wohl zu dem Tausche raten?" Luise zeigt hier durchaus etwas von der „Größe", die ihr Lady Milford gleich mehrfach zuspricht (vgl. etwa: „O Luise, edle, große, göttliche Seele!", IV, 7).

Dieses Selbst- und Standesbewusstsein ist umso erstaunlicher, als Luise eine klare Einsicht in die gesellschaftliche Unmöglichkeit ihrer Liebe zu Ferdinand hat. Bereits bei ihrem ersten Auftritt formuliert sie: „Ich entsag ihm für dieses Leben. Dann, Mutter – dann, wenn die Schranken des Unterschieds einstürzen – wenn von uns abspringen all die verhassten Hülsen des Standes – […] Ich werde dann reich sein." (I, 3). Es ist ein Aspekt von Luises innerer Zerrissenheit, dass diese Einsicht gepaart ist mit einer innigen und geradezu leidenschaftlichen Liebe zu Ferdinand (vgl. I, 3: „Damals – o damals ging in meiner Seele der erste Morgen auf. Tausend junge Gefühle schossen aus meinem Herzen ...").

Anders geartet, wenn auch – wie Wurm erkannt hat: „Sie liebt ihren Vater – bis zur Leidenschaft, möchte ich sagen." (III, 1) – ebenfalls von Leidenschaft bestimmt, ist Luises Liebe zu ihrem Vater, die nicht zuletzt durch religiöse und gesellschaftliche Normen getragen ist. Auch dies trägt zur inneren Zerrissenheit Luises bei, steht der Vater doch zwischen ihr und Ferdinand. Während sich aber Ferdinand im Laufe des Dramas mehr und mehr von seinem Vater emanzipiert, ordnet sich Luise den Ansprüchen ihres Vaters mehr und mehr unter.

Angesichts der inneren Konflikte erweisen sich Luises Standhaftigkeit (etwa wenn sie sich an einen unter Zwang gegebenen Eid gebunden fühlt) und ihre Aufrichtigkeit (etwa ihre offene Art im Gespräch mit Lady Milford) als wesentliche Charaktermerkmale.

Gerade das Gespräch mit Lady Milford zeigt Luise noch von einer ganz anderen Seite, nämlich kritisch, schlagfertig und ironiefähig („Verzeihen Sie, gnädige Frau – Ich war soeben im Begriff, diesen prächtig blitzenden Rubin zu beweinen, der es nicht wissen muss, dass seine Besitzerin so scharf wider Eitelkeiten eifert.", IV, 7). Luise ist so eine durchaus facettenreiche Figur, der es nicht an intellektueller Schärfe fehlt.

UE 10: IV. Akt, 6. und 7. Szene

Stundenverlauf

Voraussetzung: Szenen IV, 6 und IV, 7 sind gelesen worden

benötigte Materialien: –

Unterrichts-phasen	Zeit	Inhalte	Didaktisch-methodische Hinweise	Kompetenzen
Phase 1 Erarbeitung I	13	Merkmale des Sturm und Drang erarbeiten (→ HAB 9, Text)	Unterrichtsgespräch Die Schüler sollten die wesentlichen Epochenmerkmale benennen (an der Tafel sammeln). (zum Text auf HAB 9, vgl. ⊚)	einen Sachtext inhaltlich erschließen
Phase 2 Erarbeitung II	30	inhaltliche Gliederung der Szene IV, 7 erarbeiten (→ UAB 10, Aufgabe 1)	Gruppenarbeit, anschließend Ergebnispräsentation und Unterrichtsgespräch Die Gruppenarbeit könnte unterstützend begleitet werden (insbesondere könnten die Schüler auf die vielsagenden Regieanweisungen aufmerksam gemacht werden).	einen Text gliedern und inhaltlich erschließen; Informationen mündlich präsentieren
Phase 3 Erarbeitung III	20	Charakterisierung Luises in Szene IV, 7 (→ UAB 10, Aufgabe 2)	Partnerarbeit, anschließend Unterrichtsgespräch	literarische Figuren charakterisieren
Phase 4 Erarbeitung IV/ Transfer	25	Bewertung der Gestaltung von Luise in IV, 7 (→ UAB 10, Aufgabe 3)	Unterrichtsgespräch Die Schüler sollten hier Gelegenheit haben, noch einmal in die Szenen I, 3 und III, 4 hineinzulesen; vgl. zu Luise auch die Hintergrundinformationen zur Unterrichtseinheit. Die Diskussion der Figur sollte ergebnisoffen angelegt sein; wesentlich ist hier nicht zuletzt, sich die Figur der Luise gedanklich noch einmal präsent zu machen.	die Gestaltung einer literarischen Figur bewerten; sich sach- und textbezogen austauschen
Phase 5	2	ggf. Hinweise zur Bearbeitung von HAB 10		

UE 10: IV. Akt, 6. und 7. Szene

UAB 10

1. Gliedern Sie die Szene IV, 7 in sechs Gesprächsphasen. Fassen Sie jeweils deren Inhalt stichwortartig zusammen. Arbeiten Sie in Gruppen.

Phase	Zusammenfassung
1	
2	
3	
4	
5	
6	

2. Stellen Sie dar, was die Szene IV, 7 über den Charakter von Luise sagt.

Merkmale/Eigenschaften Luises	Belege in Szene IV, 7

3. Diskutieren Sie auf der Grundlage Ihrer Arbeitsergebnisse aus Aufgabe 2, welche Aspekte der Figur Luise in Szene IV, 7 erstmals (in vollem Umfang) deutlich werden.

UE 10: IV. Akt, 6. und 7. Szene

Unterrichtsergebnisse

Unterrichts-phasen	Ergebnisse (Erwartungen)
Phase 2 = UAB 10, Aufgabe 1	Zu beachten ist, dass sich nach Phase 2 das Gespräch wendet; die ursprüngliche Verhörsituation ist aufgehoben, Luise wird nun gleichsam zur Anklägerin, was äußerlich in den nunmehr weitaus größeren Redeanteilen sichtbar wird. – inhaltliche Gliederung: • **Phase 1:** Empfang durch Lady Milford; erstes Abtasten, Luise, anfangs noch „*schüchtern*", gewinnt an Sicherheit, spricht schon bald „*groß, mit entschiedenem Ton*" • **Phase 2:** Angebot der Lady, Luise könne ihr als Kammerjungfer dienen; die Ablehnung Luises führt die Lady auf deren Eitelkeit (wegen ihrer Schönheit) zurück; Luise kontert den Vorwurf der Eitelkeit ironisch; Lady Milford zeigt erstmals Unsicherheit (vgl. „*errötend*") und fragt Luise, warum sie denn nicht ihre Kammerjungfer sein möchte. • **Phase 3:** Luise verweist knapp auf ihre „bürgerliche Unschuld", sie müsse der Lady als deren personifiziertes schlechtes Gewissen erscheinen. • **Phase 4:** „Rede" Luises, in der sie ihre moralische Überlegenheit herausstellt und sich damit über die Lady erhebt: „Und wenn wir jetzt Brust gegen Brust […] auswechseln sollten […] würden Sie mir zu dem Tausche raten?" • **Phase 5:** Lady Milford ist nun endgültig in der Defensive und kann nur noch offen drohen; Luise antwortet, dass die Lady aufgrund ihres Charakters nicht fähig wäre, ihre Drohungen in die Tat umzusetzen. • **Phase 6:** Friedens- und Freundschaftsangebot der Lady; märtyrerhafte Selbstdarstellung Luises, die Ferdinand „freiwillig" abtritt
Phase 3 = UAB 10, Aufgabe 2	Vgl. zur Figur Luises auch die Hintergrundinformationen zur Unterrichtseinheit. **Tafelanschrieb**: | Merkmale/Eigenschaften Luises | Belege in Szene IV, 7 | |---|---| | • selbstbewusst (und zugleich angriffslustig) | • „Ich verachte das Urteil der Menge." | | • stolz (und zugleich standesbewusst) | • „die heitere Ruhe […], womit die Unschuld ein reines Herz zu belohnen pflegt" | | • intellektuell (ironisch) | • „Verzeihen Sie, gnädige Frau – Ich war soeben im Begriff, diesen prächtig blitzenden Rubin zu beweinen" | | • mit innerer Größe und Konsequenz | • ihr „Verzicht" auf Ferdinand, der geplante Selbstmord |
Phase 4 = UAB 10, Aufgabe 3	In Szene IV, 7 wird Luise immer wieder als Rollenfigur beschrieben, durch die mehr der junge Schiller – mit Blick auf die gesellschaftlichen Äußerungen – als Luise selbst spricht. Äußerer Beleg ist die hohe Intellektualität der Sprache (und auch ihre rhetorische Überformung). Deutlich werden sollte in jedem Fall, dass Luise in dieser Szene anders auftritt als im bisherigen Verlauf des Stücks.

UE 10: IV. Akt, 6. und 7. Szene

HAB 10

1. Lesen Sie die Szenen 8 und 9 des IV. Aktes von *Kabale und Liebe*.

Illustration aus dem Jahr 1786 zum
IV. Akt, 9. Szene von „Kabale und Liebe"
von Daniel Chodowiecki (1726–1801)

2. Fassen Sie zusammen, welche Konsequenzen das Gespräch zwischen Lady Milford und Luise für die Lady hat, und erläutern Sie, wie sich Lady Milfords Verhalten deuten lässt. Berücksichtigen Sie in Ihren Ausführungen auch den Inhalt der Szene II, 2.

_____

_____

_____

_____

_____

_____

_____

UE 11: V. Akt, 1. und 2. Szene

Hintergrundinformationen

In den Hinweisen zur Unterrichtseinheit 8 wurde bereits darauf hingewiesen, dass die Komposition des Schauspiels nach den Prinzipien der Gegensätzlichkeit und Symmetrie angelegt ist. Waren es in den ersten Akten die gegensätzlichen Handlungsorte (und ging es damit um den Gegensatz bürgerliche Welt zur Welt des Hofes), geht es im V. Akt um den Gegensatz privat und öffentlich.

Eingangs des V. Aktes sitzt Luise, so die Regieanweisung zu V, 1, allein *„in dem finstersten Winkel des Zimmers"*. In der Regieanweisung zur letzten Szene dagegen heißt es: „FERDINAND. *Der* PRÄSIDENT. WURM *und* BEDIENTE, *welche alle voll Schrecken ins Zimmer stürzen, darauf* MILLER *mit* VOLK *und* GERICHTSDIENER, *welche sich im Hintergrund sammeln.*" (Szene V, 8) Nicht nur, dass ein gewöhnliches „Zimmer beim Musikanten" (in dem sich überdies noch der Leichnam Luises befindet) diesen gewaltigen Auftritt nicht fassen könnte, fällt auf, sondern vor allem, dass „MILLER *mit* VOLK" die Szenerie betritt. Man muss sich so dieses „Zimmer" als einen großen, öffentlichen (bevölkerten) Raum – vergleichbar einem Marktplatz oder eben einer Theaterbühne – vorstellen.

Für die Schüler inhaltlich schwieriger zu erfassen, ist dabei möglicherweise Szene V, 1: Miller, inzwischen aus der Haft entlassen, findet Luise zu Hause. Nach und nach begreift er, dass sich Luise zum Selbstmord entschlossen hat, von dem Miller sie nur dadurch abbringen kann, dass er Luise zwingt, sich zwischen ihm und dem Tod zu entscheiden („Wenn die Küsse deines Majors heißer brennen, als die Tränen deines Vaters – stirb!", V, 1). Nach *„einem qualvollen Kampf mit einiger Festigkeit"*, wie es in der Regieanweisung heißt, entscheidet sich Luise schließlich für ihren Vater, möchte aber die Stadt verlassen, in der sie den Spott fürchtet.

In dieser Situation stößt Ferdinand – Szene V, 2 – zu den vorigen. Er konfrontiert Luise mit der von ihr erpressten Liebesbotschaft und will wissen, ob Luise diese wirklich geschrieben hat. Luise, bei der durch das Erscheinen Ferdinands der eben gefasste Entschluss, gemeinsam mit dem Vater die Stadt zu verlassen, ins Wanken gerät, gibt dies zu, ohne sich allerdings weiter zu erklären, wie es ihrem Charakter entspricht (sie hatte ja Kalb gegenüber geschworen, den Brief als freiwilligen anzuerkennen). Zugleich zeigt sich hier aber auch, wie sehr sich Luise bereits von Ferdinand entfremdet hat.

Als Ferdinand seinen Verdacht auf diese Weise bestätigt sieht, fasst er den Entschluss, Luise und sich selbst zu töten. Er bittet Luise, etwas Limonade zurechtzumachen.

Die folgenden drei Szenen haben einen verzögernden Charakter, obschon sie noch einmal Ferdinands Charakter sehr anschaulich beleuchten. Ferdinand fragt sich, ob er einem Vater seine einzige Tochter nehmen könne, und kommt zum Schluss: „… ich verdiene noch Dank, dass ich die Natter zertrete, ehe sie auch noch den Vater verwundet." (V, 4) Als schließlich Luise mit der Limonade zurückkommt, lenkt Ferdinand Vater und Tochter unter einem Vorwand ab und schüttet das Gift in die Limonade.

UE 11: V. Akt, 1. und 2. Szene

Stundenverlauf

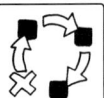

Voraussetzung: –

benötigte Materialien: ggf. eine Hörtextfassung von *Kabale und Liebe*

Unterrichts-phasen	Zeit	Inhalte	Didaktisch-methodische Hinweise	Kompetenzen
Phase 1 Sicherung I	10	Besprechung der Szenen IV, 8 und IV, 9 (→ HAB 10, Aufgabe 2)	Unterrichtsgespräch (zur Lösung von HAB 10, Aufgabe 2 vgl. ◎)	einen Text-auszug im Gesamtzusam-menhang betrachten
Phase 2 Sicherung II	20	Situation von Luise und Miller vor dem V. Akt er-fassen (→ UAB 11, Aufgabe 1)	Partnerarbeit, anschließend Ergebnispräsentation und Unterrichtsgespräch	Handlungs-voraussetzun-gen reflektieren
Phase 3 Textprä-sentation/ Erarbeitung I	8	Präsentation der Szenen V, 1 und V, 2	Szenen V, 1 und V, 2 vorle-sen (lassen) oder als Hör-text vorspielen	einen litera-rischen Text inhaltlich erfas-sen
Phase 4 Erarbeitung II	15	Standbild zu Szene V, 1 bauen (→ UAB 11, Aufgabe 2)	Gruppenarbeit, anschlie-ßend Ergebnispräsentation und Unterrichtsgespräch. Das Standbild versteht sich als Vorbereitung auf die Szenenanalyse (Phase 5).	ein Standbild bauen; sich sach- und text-bezogen aus-tauschen
Phase 5 Erarbeitung III	15	Analyse Szene V, 1 (→ UAB 11, Aufgabe 3)	Einzel- oder Partnerarbeit, anschließend Unterrichtsge-spräch. Die Einstellung Millers zu Luise ist von zentraler Be-deutung und sollte selbst von den Schülern erarbeitet werden; ggf. ist hier mehr Zeit einzuplanen.	einen litera-rischen Text inhaltlich erfas-sen
Phase 6 Erarbeitung IV	20	Analyse Szene V, 2 (→ UAB 11, Aufgaben 4 und 5)	Einzel- oder Partnerarbeit, anschließend Unterrichtsge-spräch. Die beiden Aufgaben könn-ten bei Zeitmangel auch nur mündlich besprochen wer-den.	einen litera-rischen Text inhaltlich erfas-sen und bewer-ten
Phase 7	2	ggf. Hinweise zur Bearbei-tung von HAB 11		

UE 11: V. Akt, 1. und 2. Szene

UAB 11

1. Halten Sie fest, in welcher Situation sich Luise und ihr Vater am Ende des IV. Aktes (bzw. zu Beginn des V. Aktes) befinden.

Luises Situation am Ende des IV. Aktes	Millers Situation am Ende des IV. Aktes

2. **Weiterführende Aufgabe:** Bilden Sie kleine Gruppen und bauen Sie ein Standbild zur Szene V, 1. Zeigen Sie Ihr Standbild in der Klasse und erläutern Sie es.

3. Stellen Sie dar, wie es Miller gelingt, Luise vom Selbstmord abzuhalten.

4. Fassen Sie zusammen, wie sich Ferdinands Situation in Szene V, 2 darstellt.

5. Nennen und bewerten Sie schriftlich die Gründe, die Ferdinand ins Haus der Millers geführt haben.

UE 11: V. Akt, 1. und 2. Szene

Unterrichtsergebnisse

Unterrichts-phasen	Ergebnisse (Erwartungen)
Phase 2 = UAB 11, Aufgabe 1	**Tafelanschrieb:** {| Luises Situation am Ende des IV. Aktes	Millers Situation am Ende des IV. Aktes |}

Luises Situation am Ende des IV. Aktes	Millers Situation am Ende des IV. Aktes
• musste sich in die Intrige fügen und hat somit Ferdinand hintergangen • hat ihren Selbstmord angekündigt und ist innerlich bereit dazu • liebt sowohl Ferdinand als auch ihren Vater	• befindet sich in Haft (bzw. ist vor dem V. Akt aus der Haft entlassen worden) • ist ohnmächtig, hat gegen den Präsidenten keine Handhabe und von diesem auch keine Hilfe zu erwarten

	Deutlich werden sollte, dass Luise tatsächlich einen „harten Kampf" (vgl. V, 1) hinter sich hat, der sich nun entschieden hat, sodass sie „lustig" (ebd.) sein kann, d.h. dass Luise im Selbstmord tatsächlich den einzigen Weg aus ihrer inneren Zerrissenheit heraus sieht.
Phase 4 = UAB 11, Aufgabe 2	Durch das Standbild können sich verschiedene inhaltliche Impulse ergeben; besonders wichtig ist mit Blick auf Szene V, 8 und den Kontrast privat vs. öffentlich, dass die Schüler die Szenerie erfassen (man beachte hier außerdem das Motiv des Lichtes bzw. der Dunkelheit).
Phase 5 = UAB 11, Aufgabe 3	Vater Miller argumentiert mit der schweren Sünde des Selbstmordes und appelliert zugleich an die Pflicht Luises als Tochter ihm gegenüber (vgl. „Wenn die Küsse deines Majors heißer brennen als die Tränen deines Vaters – stirb!"). Dem Kampf zwischen Liebe und Pflicht entronnen, wird Luise so erneut in einen *„qualvollen Kampf"* getrieben; Luise entscheidet sich für die Erfüllung der Pflicht ihrem Vater gegenüber, was diesen *„freudetrunken"* an ihren Hals *„stürzen"* lässt.
Phase 6 = UAB 11, Aufgabe 4 + 5	Ferdinands Situation in Szene V, 2: • Ferdinand muss annehmen, dass sein Vater die Beziehung zu Luise billigt. • Er weiß, dass Lady Milford das Land verlassen hat und sich folglich die Heirat mit ihr erledigt hat. • Er muss annehmen, dass Luise ihn mit Hofmarschall von Kalb betrogen hat. Ferdinands Gründe für seinen Besuch bei Millers: • Ferdinand möchte Luise über die neue Situation (so wie sie sich ihm darstellt) informieren (bzw. sie anklagend damit konfrontieren). • Ferdinand möchte Luise das Geständnis abringen (vgl. „Folterung"), den Brief an Hofmarschall von Kalb geschrieben zu haben. Bewertung: Ferdinand handelt hier nicht aus Liebe zu Luise, sondern aus gekränkter Eitelkeit bzw. Enttäuschung. Bezeichnend ist, dass er Luise zwar fragt, ob sie den Brief geschrieben hat, aber nicht warum; auch eine Vergebung (falls Luise ihn tatsächlich betrogen hätte) kommt für ihn nicht in Frage.

UE 11: V. Akt, 1. und 2. Szene

HAB 11

1. Lesen Sie zunächst die Szenen 3 bis 6 des V. Aktes von *Kabale und Liebe* und kreuzen Sie an, welche Aussagen über den Inhalt der Szenenfolge zutreffen und welche nicht.

		richtig	falsch
a)	Ferdinand hat Luise kennengelernt, als er beim Musikus Miller Flötenunterricht genommen hatte.		
b)	Ferdinand macht nun Miller Vorwürfe, weil er seine Tochter zum „Skorpion" erzogen hat.		
c)	Die Bedenken, Miller seine einzige Tochter und damit Hilfe zu nehmen, zerstreut Ferdinand dadurch, dass er annimmt, Luise könne ihren Vater ohnehin nicht glücklich machen.		
d)	Ferdinand gibt Miller zunächst unter dem Vorwand, seine Musikstunden bezahlen zu wollen, eine große Summe Geldes in Form von Goldmünzen.		
e)	Miller lehnt das ihm angebotene Geld zwar ab, lässt sich dann aber überreden, es für die weitere Erziehung seiner Tochter Luise zu verwenden.		
f)	Um nicht allein sein zu müssen, bittet Ferdinand Miller, einen beabsichtigten Botengang noch so lange aufzuschieben, bis Luise mit der Limonade zurück ist.		

2. Lesen Sie gegebenenfalls noch einmal Szene V, 6 und geben Sie wieder (auch in Form eines Zitates), wie Ferdinand den geplanten Mord an Luise rechtfertigt.

3. Bewerten Sie die Selbstrechtfertigung Ferdinands (vgl. Aufgabe 2): Was zeigt sie über Ferdinand?

4. Lesen Sie vorbereitend auf die nächste Stunde die beiden letzten Szenen von *Kabale und Liebe*.

UE 12: V. Akt, 7. und 8. Szene

Hintergrundinformationen

Seit Lessings *Emilia Galotti* (1772) erfährt die Gattung des bürgerlichen Trauerspiels, so auch in *Kabale und Liebe*, eine zunehmend ständische Auslegung, d.h. es geht nicht zuletzt um die – häufig sozialkritisch motivierte – Gegenüberstellung der bürgerlichen Welt gegen die Welt des Hofes bzw. des Adels. Sehr deutlich wendet sich Schiller mit seinem Stück gegen die Verschwendungssucht, das Mätressenwesen, die politische Unkultur der Intrige und die Willkürherrschaft. Die Kritik am Absolutismus weist *Kabale und Liebe* dabei ebenso als spätes Stück der Epoche des Sturm und Drang aus wie die Betonung der Individualität und die Verabsolutierung der Freiheit (auch als Freiheit des Gefühls und der Leidenschaft).

Im Zentrum des Stücks steht trotz aller Zeitkritik gleichwohl die unpolitische Frage nach Tugend und Moral. Die Konfliktsituation des Stücks ist zwar durch den Standesunterschied zwischen den Liebenden vorgegeben, auch sind Ferdinand und Luise der Wertewelt ihres Standes verpflichtet, doch sind es letztlich Ferdinands individueller Absolutheitsanspruch und Luises individuelle Sprachnot gepaart mit ihrem moralischen Bewusstsein, die erst zu Missverständnissen und schließlich zur Tragödie führen. Dadurch, dass Schiller mit der letzten Szene die Perspektive wieder vom Privaten ins Öffentliche ausweitet, bricht er nicht nur mit der Formtradition des bürgerlichen Trauerspiels, sondern macht zugleich sehr deutlich, dass das Theater auch eine „moralische Anstalt" ist, „dessen Gerichtsbarkeit anfängt, wo das Gebiet der weltlichen Gesetze sich endigt" (vgl. HAB 12).

Wurden in der Literaturwissenschaft lange Zeit die gattungsimmanenten Deutungen des Stücks betont (nämlich *Kabale und Liebe* als frühes zeitkritisches Sozialdrama bzw. als Liebesdrama), findet *Kabale und Liebe* in jüngerer Zeit immer wieder auch religiöse bzw. metaphysische Deutungen, was wichtige Aspekte des Trauerspiels weiter erhellt. Kaum zufällig dürften etwa Luises erste Worte (nach der Begrüßung ihres Vaters) in Szene I, 3 (in der Luise erstmals auftritt) von Schiller so gesetzt worden sein: „O ich bin eine schwere Sünderin, Vater", was sie kurz darauf ausführlicher erläutert: „Ich habe keine Andacht mehr, Vater – der Himmel und Ferdinand reißen an meiner blutenden Seele [...] Wenn meine Freude über sein Meisterstück mich ihn selbst übersehen macht, Vater, muss das Gott nicht ergötzen?" – Eine Frage, die vom Vater nicht beantwortet, sondern – für die Zuschauer bzw. Leser vielsagend – nur wie folgt kommentiert wird: „Da haben wir's! Das ist die Frucht von dem gottlosen Lesen." Dabei wird Luise auf einen bestimmten Gottesbegriff (eine bestimmte Religiosität) verpflichtet. Noch in Szene I, 3 nennt Luise Gott den „Vater der Liebenden". Doch diese Vorstellung tut Vater Miller letztlich als teuflischen Frevel ab (vgl. V, 1: „dieser zerbrechliche Gott deines Gehirns"), und er fügt hinzu: „Jetzt weiß ich nichts mehr – (*mit aufgehobener Rechte*) stehe dir, Gott Richter! Für diese Seele nicht mehr." Dieser Richtergott, durch den Vater Miller Luise letztlich erfolgreich auf eine strenge, traditionelle, „kleinbürgerliche" Religiosität festlegt („LUISE. Bei Gott! Bei dem fürchterlich wahren! Ja!", V, 2), wird aber gegen Ende des Stücks auch mehrfach von Ferdinand (vgl. etwa V, 8: „Aber ich hab einen Mord begangen [...], den du mir nicht zumuten wirst, allein vor den Richter der Welt hinzuschleppen"), ja sogar vom Präsidenten angerufen (vgl. V, 8: „Von mir nicht, von mir nicht, Richter der Welt"). So gesehen erweist sich zwar, dass Gottesvorstellungen bzw. Religiosität standesgebunden sind, gleichwohl mündet paradoxerweise alle Kabale und Liebe der drei Hauptfiguren letztlich in der gemeinsamen Anerkennung eines alttestamentarischen Richtergottes, der aber zumindest von Luise („Sterbend vergab mein Erlöser – Heil über dich und ihn. (*Sie stirbt.*)", V, 7) und Ferdinand („Gott dem Erbarmenden gehört dieser letzte [Blick]", V, 8) am Ende nicht ausschließlich als strafender Gott verstanden wird.

UE 12: V. Akt, 7. und 8. Szene

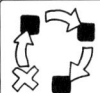

Stundenverlauf

Voraussetzung: Szenen V, 7 und V, 8 sind gelesen worden

benötigte Materialien: –

Unterrichts-phasen	Zeit	Inhalte	Didaktisch-methodische Hinweise	Kompetenzen
Phase 1 Sicherung	8	Besprechung der Szenen V, 3 bis V, 6 (→ HAB 11, Aufgaben 1 bis 3)	Unterrichtsgespräch	einen literarischen Text inhaltlich erfassen
Phase 2 Erarbeitung I	15	Standbild zum ersten Teil der Szene V, 7 bauen (→ UAB 12, Aufgabe 1)	Gruppenarbeit, anschließend Ergebnispräsentation und Unterrichtsgespräch. Das Standbild versteht sich als Vorbereitung auf die vergleichende Szenenanalyse (Phase 3).	ein Standbild bauen; sich sach- und textbezogen austauschen
Phase 3 Erarbeitung II	20	vergleichende Szenenauswertung (I, 4 und V, 7) (→ UAB 12, Aufgabe 2)	Partnerarbeit, anschließend Unterrichtsgespräch	einen literarischen Text inhaltlich erfassen und vergleichend bewerten
Phase 4 Erarbeitung III	15	Diskussion über Ferdinands Schuld (→ UAB 12, Aufgabe 3)	Einzelarbeit, anschließend Unterrichtsgespräch. Hier, wie auch in der folgenden Phase 5, sollten die Schüler textgestützt und auf der Grundlage des ganzen Stückes argumentieren. Die Diskussion dient so auch als Verständnissicherung.	das Verhalten einer Figur bewerten; sich sach- und textbezogen austauschen
Phase 5 Transfer	30	Bewertung des Schlusses (→ UAB 12, Aufgabe 4)	Unterrichtsgespräch (siehe die Hinweise zu Phase 4 sowie die Leitfragen in den Unterrichtsergebnissen)	einen literarischen Text bewerten; sich sach- und textbezogen austauschen
Phase 6	2	ggf. Hinweise zur Bearbeitung von HAB 12		

UE 12: V. Akt, 7. und 8. Szene

UAB 12

1. Bilden Sie kleine Gruppen und bauen Sie ein Standbild zum ersten Teil der Szene V, 7. Zeigen Sie Ihr Standbild in der Klasse und erläutern Sie es.

2. Lesen Sie noch einmal den folgenden Ausschnitt aus Szene I, 4.
   a) Markieren Sie im Text, mit welchen Bildern Ferdinand die Liebe zu Luise fasst.

> aus Szene I, 4:
> FERDINAND. Wer kann den Bund zweier Herzen lösen, oder die Töne eines Akkords auseinander reißen? – Ich bin ein Edelmann – Lass doch sehen, ob mein Adelbrief älter ist, als der Riss zum unendlichen Weltall? oder mein Wappen gültiger, als die Handschrift des Himmels in Luisens Augen: dieses Weib ist für diesen Mann? – Ich bin des Präsidenten Sohn. Eben darum. Wer, als die Liebe, kann mir die Flüche versüßen, die mir der Landeswucher meines Vaters vermachen wird?
> LUISE. O wie sehr fürcht ich ihn – diesen Vater!
> FERDINAND. Ich fürchte nichts – nichts – als die Grenzen deiner Liebe. Lass auch Hindernisse wie Gebirge zwischen uns treten, ich will sie für Treppen nehmen und drüber hin in Luisens Arme fliegen. Die Stürme des widrigen Schicksals sollen meine Empfindung emporblasen, *Gefahren* werden meine Luise nur reizender machen. – Also nichts mehr von Furcht, meine Liebe. Ich selbst – ich will über dir wachen, wie der Zauberdrach` über unterirdischem Golde – *Mir* vertraue dich! Du brauchst keinen Engel mehr – Ich will mich zwischen dich und das Schicksal werfen – empfangen für dich jede Wunde – auffassen für dich jeden Tropfen aus dem Becher der Freude – dir ihn bringen in der Schale der Liebe. *(Sie zärtlich umfassend.)* An diesem Arm soll meine Luise durchs Leben hüpfen; schöner, als er dich von sich ließ, soll der Himmel dich wieder haben und mit Verwunderung eingestehn, dass nur die Liebe die letzte Hand an die Seelen legte –

   b) Beziehen Sie Ihre Ergebnisse auf Szene V, 7.

3. Ferdinand sagt in der letzten Szene zu seinem Vater:

> Aber ich hab` einen Mord begangen, *(mit furchtbar erhobener Stimme)* einen Mord, den *du* mir nicht zumuten wirst, *allein* vor den Richter der Welt hinzuschleppen. Feierlich wälz ich dir hier die größte, grässlichste Hälfte zu.

   Diskutieren Sie den Anteil Ferdinands an der Schuld. Halten Sie zuvor Ihren Standpunkt schriftlich fest.

   _____
   _____
   _____
   _____

4. Diskutieren Sie die Schlussszene von *Kabale und Liebe*: Ist dieses Ende Ihrer Meinung nach realistisch?

UE 12: V. Akt, 7. und 8. Szene

Unterrichtsergebnisse

Unterrichts-phasen	Ergebnisse (Erwartungen)
Phase 1 = HAB 11, Aufgabe 1	HAB 11: 1. a) richtig; b) falsch; c) richtig; d) richtig; e) falsch; f) falsch – Die falschen Aussagen sollten entsprechend richtiggestellt werden. 2. Vgl.: „Ja! Sie soll dran! Sie soll! Die obern Mächte nicken mir ihr schreckliches *Ja* herunter, die Rache des Himmels unterschreibt, ihr guter Engel lässt sie fahren –" 3. Die Selbstrechtfertigung Ferdinands zeigt vor allem, dass sich Ferdinand in seinem Tun absolut setzt, Selbstzweifel kennt er nicht. Das, was Ferdinand „Liebe" nennt, schließt keine Empathie mit einem anderen ein, Luise ist gewissermaßen nur das Objekt seiner Gefühle (zuvor der „Liebe", jetzt der Rache).
Phase 2 = UAB 12, Aufgabe 1	Deutlich werden sollte durch das Standbild die innere und äußere Distanz zwischen Ferdinand und Luise (vgl. die Regieanweisung zu V, 7: *„Sie ... stellt sich auf die entgegengesetzte Seite vom Major .... Er steht auf der anderen Seite und sieht starr vor sich hinaus."*); ggf. kann schon hier auf den Kontrast zu Szene I, 4 hingewiesen werden (vgl. die Regieanweisung dort: *„Er fliegt auf sie zu ..."*)
Phase 3 = UAB 12, Aufgabe 2	• Teilaufgabe a): zentrales Bild der Liebe ist das des Himmels (vgl. „die Handschrift des Himmels", Luise als „Engel"), genannt werden aber auch andere (vgl. Liebende als „Töne eines Akkords", Liebe als „Schale") • Teilaufgabe b): in Szene V, 7 ist Ferdinand gleichsam aus dem „Himmel" gefallen (vgl. „Es ist etwas Gemeines, dass Menschen fallen und Paradiese verloren werden"), Luise ist „kein Engel" mehr, sondern eine „Schlange" mit einer „ungeheuren Furchtbarkeit". Durch die beiden Aufgaben 1 und 2 soll Szene V, 7 gleichsam als Spiegelszene zu I, 4 verstanden werden. Beachtet (und diskutiert) werden sollte, dass sich an Luises innerer Einstellung zu Ferdinand nur insofern etwas geändert hat, als sich nun die Unmöglichkeit ihrer Verbindung erwiesen hat.
Phase 4 = UAB 12, Aufgabe 3	Auch wenn Ferdinand natürlich Opfer der Intrige seines Vaters ist, so hat er Luise doch alleine vergiftet, und zwar aus verletzter Eitelkeit. Die Stelle zeigt einmal mehr die Ichbezogenheit von Ferdinand, der von Anfang an weniger in Luise als vielmehr in sich selbst und seine Liebe verliebt war. Eine andere Einstellung zu Luise vorausgesetzt, hätte es nicht zu dieser Tragödie kommen können.
Phase 5 = UAB 12, Aufgabe 4	Dass Schiller den Schluss idealistisch gestaltet hat, dürfte unstrittig sein. Ggf. können den Schülern ergänzend folgende Fragen gestellt werden: • Ist es nachvollziehbar, dass Ferdinand seinem Vater vergibt? • Ist Wurms „Raserei" glaubhaft, mit der er sich selbst der Justiz übergibt? • Kann Wurms „Raserei" allein erklären, dass der Präsident sich ebenfalls der Gerichtsbarkeit stellt? • Ist Millers Wandel, der ihn auf das Gold verzichten lässt, psychologisch glaubhaft?

UE 12: V. Akt, 7. und 8. Szene

HAB 12

1. Lesen Sie vorbereitend auf die nächste Stunde gründlich den Text „Die Schaubühne als eine moralische Anstalt betrachtet".

Friedrich Schiller: Die Schaubühne als eine moralische Anstalt betrachtet

Die Gerichtsbarkeit der Bühne fängt an, wo das Gebiet der weltlichen Gesetze sich endigt. Wenn die Gerechtigkeit für Gold verblindet, und im Solde der Laster schwelgt, wenn die Frevel der Mächtigen ihrer Ohnmacht spotten, und die Menschenfurcht den Arm der Obrigkeit bindet, übernimmt die Schaubühne Schwert und Waage, und reißt die Laster vor einen schrecklichen
5 Richterstuhl. Das ganze Reich der Phantasie und Geschichte, Vergangenheit und Zukunft stehen ihrem Wink zu Gebot. [...]
So gewiss sichtbare Darstellung mächtiger wirkt als toter Buchstabe und kalte Erzählung, so gewiss wirkt die Schaubühne tiefer und dauernder als Moral und Gesetze.
Aber hier *unterstützt* sie die weltliche Gerechtigkeit nur – ihr ist noch ein weites Feld geöffnet.
10 Tausend Laster, die jene ungestraft duldet, straft sie; tausend Tugenden, wovon jene schweigt, werden von der Bühne empfohlen. Hier begleitet sie die Weisheit und die Religion. Aus dieser reinen Quelle schöpft sie ihre Lehren und Muster und kleidet die strenge Pflicht in ein reizendes, lockendes Gewand. Mit welch herrlichen Empfindungen, Entschlüssen, Leidenschaften schwellt sie unsere Seele, welche göttlichen Ideale stellt sie uns zur Nacheiferung aus! [...]
15 Aber der Wirkungskreis der Bühne dehnt sich noch weiter aus. Auch da, wo Religion und Gesetze es unter ihre Würde achten, Menschenempfindungen zu begleiten, ist sie für unsere Bildung noch geschäftig. Das Glück der Gesellschaft wird ebenso sehr durch Torheit als durch Verbrechen und Laster gestört. [...]
Ich kenne nur ein Geheimnis, den Menschen vor Verschlimmerung zu bewahren, und dieses ist
20 – sein Herz gegen Schwächen zu schützen.
Einen großen Teil dieser Wirkung können wir von der Schaubühne erwarten. Sie ist es, die der großen Klasse von Toren den Spiegel vorhält, und die tausendfachen Formen derselben mit heilsamem Spott beschämt. Was sie oben durch Rührung und Schrecken wirkte, leistet sie hier, (schneller vielleicht, und unfehlbarer) durch Scherz und Satire. [...]
25 Unmöglich kann ich hier den großen Einfluss übergehen, den eine gute stehende Bühne auf den Geist der Nation haben würde. Nationalgeist eines Volks nenne ich die Ähnlichkeit und Übereinstimmung seiner Meinungen und Neigungen bei Gegenständen, worüber eine andere Nation anders meint und empfindet. Nur der Schaubühne ist es möglich, diese Übereinstimmung in einem hohen Grad zu bewirken, weil sie das ganze Gebiet des menschlichen Wissens durchwan-
30 dert, alle Situationen des Lebens erschöpft, und in alle Winkel des Herzens hinunter leuchtet; weil sie alle Stände und Klassen in sich vereinigt und den gebahntesten Weg zum Verstand und zum Herzen hat. Wenn in allen unseren Stücken ein Hauptzug herrschte, wenn unsre Dichter unter sich einig werden, und einen festen Bund zu diesem Endzweck errichten wollten [...] mit einem Wort, wenn wir es erlebten, eine Nationalbühne zu haben, so würden wir auch eine Nati-
35 on. [...]
Die Schaubühne ist die Stiftung, wo sich Vergnügen mit Unterricht, Ruhe mit Anstrengung, Kurzweil mit Bildung gattet, wo keine Kraft der Seele zum Nachteil der andern gespannt, kein Vergnügen auf Unkosten des Ganzen genossen wird. Wenn Gram an dem Herzen nagt, wenn trübe Laune unsere einsamen Stunden vergiftet, wenn uns Welt und Geschäfte anekeln, wenn
40 tausend Lasten unsere Seele drücken, und unsre Reizbarkeit unter Arbeiten des Berufs zu ersticken droht, so empfängt uns die Bühne – in dieser künstlichen Welt träumen wir die wirkliche hinweg, wir werden uns selbst wieder gegeben, unsre Empfindung erwacht, heilsame Leidenschaften erschüttern unsere schlummernde Natur, und treiben das Blut in frischere Wallungen.

UE 13: „Schaubühne als eine moralische Anstalt"

Hintergrundinformationen

Anlässlich seiner Wahl in die „Kurfürstlich-Deutsche Gesellschaft" hielt Friedrich Schiller am 26. Juni 1784 in Mannheim eine Antrittsrede mit dem Titel *Vom Wirken der Schaubühne auf das Volk*, die 1802 unter dem Titel *Die Schaubühne als eine moralische Anstalt betrachtet* in überarbeiteter Form veröffentlicht wurde. Mit dieser Rede verfolgte Schiller zunächst einen ganz praktischen Zweck, wollte er doch die Gesellschaft für die Gründung einer Mannheimer Dramaturgie gewinnen und sich zugleich für die freigewordene Stelle als Sekretär der Gesellschaft empfehlen, was ihm ein sicheres Leben als freier Autor ermöglicht hätte.

Schiller hatte sich zu diesem Zeitpunkt als Autor der *Räuber* (Uraufführung 1782 in Mannheim) sowie der *Verschwörung des Fiesco zu Genua* (Uraufführung 1783 in Bonn) bereits einen Namen gemacht und nur wenige Wochen zuvor fand die Uraufführung von *Kabale und Liebe* durch die Großmannsche Schauspielergesellschaft in Frankfurt und zwei Tage später, am 15.4.1784, am Mannheimer Theater statt.

Es ist aber nicht nur die zeitliche und räumliche Nähe, die einen Blick auf diese theatertheoretische Schrift (deren sprachliche Ausgestaltung aber den appellativen Charakter der Rede klar erkennen lässt) lohnend erscheinen lässt, denn Schiller stellt in dieser Schrift im Wesentlichen zwei Hauptthesen auf:

1. Das Theater sei eine „Verstärkung für Religion und Gesetze" und diene der „Bildung der Sitten".
2. Das Theater diene der „Aufklärung des Verstandes".

Gerade die erste These ist dabei mit Blick auf *Kabale und Liebe* (bzw. die Jugenddramen Schillers überhaupt) von Bedeutung, in denen das Theater gleichsam „zum Wegweiser durch das bürgerliche Leben" und – infolge des sich selbst erhöhenden und letztlich dadurch zu Fall kommenden genialischen Individuums – zur Stätte des Gerichts wird (vgl. hierzu den Auszug in HAB 12).

Der „Aufklärung des Verstandes" diene das Theater als

> „der gemeinschaftliche Kanal, in welchem von dem denkenden bessern [sic!] Teile des Volks das Licht der Weisheit herunterströmt und von da aus in mildern Strahlen durch den ganzen Staat sich verbreitet. Richtigere Begriffe, geläuterte Grundsätze, reine Gefühle fließen von hier durch alle Adern des Volkes; der Nebel der Barbarei, des finstern Aberglaubens verschwindet, die Natur weicht dem siegenden Licht."

Gleichsam ausgleichend zu diesen Hauptfunktionen, „Bildung der Sitten" und „Aufklärung des Verstandes", spricht Schiller dem Theater noch die Aufgabe zu, Ort der „Kurzweil" und des „Vergnügens" zu sein. Was das Theater in dieser Hinsicht leiste, sei wichtiger, als man gewöhnlich glaube.

UE 13: „Schaubühne als eine moralische Anstalt"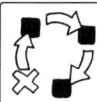

Stundenverlauf

Voraussetzung: Text „Die Schaubühne als eine moralische Anstalt betrachtet" ist gelesen worden

benötigte Materialien: –

Unterrichts-phasen	Zeit	Inhalte	Didaktisch-methodische Hinweise	Kompetenzen
Phase 1 Erarbeitung I	30	inhaltliche Gliederung des „Schaubühnen"-Textes erarbeiten (→ UAB 13, Aufgabe 1)	Gruppenarbeit, anschließend Unterrichtsgespräch. Vor Beginn der Gruppenarbeit könnten der Text ggf. vorgelesen und noch eventuelle Verständnisfragen geklärt werden. Die Gruppenarbeit sollte darüber hinaus lehrerseitig unterstützt werden.	einen Sachtext gliedern und inhaltlich erschließen; Informationen mündlich präsentieren
Phase 2 Erarbeitung II	20	sprachliche Untersuchung des „Schaubühnen"-Textes (→ UAB 13, Aufgabe 2)	Lehrervortrag zum Hintergrund des Textes; Gruppenarbeit, anschließend Unterrichtsgespräch. Deutlich werden sollte, warum der theoretische Text rhetorisch überformt ist und einen emphatisch-appellativen Charakter aufweist.	Texte sprachlich bzw. stilistisch beschreiben
Phase 3 Transfer	38	Übertragung der Textaussagen auf *Kabale und Liebe* (→ UAB 13, Aufgabe 3)	Gruppenarbeit, anschließend Unterrichtsgespräch. Wichtig ist hier, dass die Schüler ihre Aussagen über das Stück Kabale und Liebe gründlich belegen; einzelne Aspekte (vgl. die Übersicht zu den Unterrichtsergebnissen) wären dabei auch kritisch zu prüfen bzw. zu diskutieren.	sich sach- und textbezogen austauschen; einen literarischen Text bewerten
Phase 4	2	ggf. Hinweise zur Bearbeitung von HAB 13		

UE 13: „Schaubühne als eine moralische Anstalt"

UAB 13

1. Gliedern Sie den Text „Die Schaubühne als eine moralische Anstalt betrachtet" in Abschnitte. Fassen Sie jeweils deren Inhalt stichwortartig zusammen. Arbeiten Sie in Gruppen.

Abschnitt	Zusammenfassung
1	
2	
3	
4	
5	

2. Untersuchen Sie die sprachliche Gestaltung des Textes und stellen Sie einen Bezug zur Textsorte her.

sprachliche Merkmale	Belege im Text

3. Stellen Sie dar, inwieweit sich die im Text genannten Ziele und Mittel der Schaubühne in *Kabale und Liebe* zeigen.

_____
_____
_____
_____
_____

UE 13: „Schaubühne als eine moralische Anstalt"

Unterrichtsergebnisse

Unterrichts-phasen	Ergebnisse (Erwartungen)
Phase 1 = UAB 13, Aufgabe 1	• **Abschnitt 1:** Unzulänglichkeit der weltlichen Gerichtsbarkeit: Käuflichkeit der Gerichte („Wenn die Gerechtigkeit für Gold erblindet") und deren Parteilichkeit zu Gunsten Mächtiger („wenn die Frevel der Mächtigen ihrer Ohnmacht spotten"): Hier beginne die „Gerechtigkeit der Bühne". • **Abschnitt 2:** Schaubühne wirkt tiefer als Moral und Gesetze und unterstützt die weltliche Gerechtigkeit, indem sie Laster, Tugenden und überhaupt „Menschenempfindungen" auf die Bühne bringt. • **Abschnitt 3:** Schaubühne verfolgt das Ziel, den Menschen vor Verschlimmerung zu bewahren und bedient sich dazu der Mittel „Rührung und Schrecken" sowie „Scherz und Satire". • **Abschnitt 4:** Indem die Schaubühne eine Übereinstimmung hinsichtlich der „Meinungen und Neigungen" eines Volkes schafft, bildet sie einen Nationalgeist aus; Schaubühne als Nationalbühne würde Nation schaffen. • **Abschnitt 5:** Schaubühne dient auch der Unterhaltung und der Entspannung („in dieser künstlichen Welt träumen wir die wirkliche hinweg").
Phase 2 = UAB 13, Aufgabe 2	**Tafelanschrieb:** | sprachliche Merkmale	Belege im Text
• Übertreibungen, zugleich Wiederholung • Verabsolutierungen, zugleich Wiederholung • Personifikationen und Metaphern • gehobene Wortwahl • komplexer Satzbau	• „Tausend Laster", „tausend Tugenden", „die tausendfachen Formen", „tausend Lasten" • „alle Situationen des Lebens", „alle Winkel des Herzens", „alle Stände und Klassen", „in allen unseren Stücken" • „toter Buchstabe und kalte Erzählung", „Toren den Spiegel vorhält", „schlummernde Natur", „Winkel des Herzens" • „Nacheiferung", „Torheit", „sie … erschöpft" • z.B. der letzte Satz des Textauszuges	
Phase 3 = UAB 13, Aufgabe 3	**Tafelanschrieb:** • *Kabale und Liebe* enthält klare Kritik an der weltlichen Gerichtsbarkeit, so karikiert Präsident Walter in II, 6 geradezu den Sinn des Wortes Gerechtigkeit (vgl.: „Die Gerechtigkeit soll meiner Wut die Arme borgen."). • Die weltliche Gerichtsbarkeit wird durch offenen Schluss ersetzt bzw. zur Sache der Zuschauer gemacht, denn sie müssen sich selbst ein Urteil über die Figuren und ihre Verfehlungen bilden. • *Kabale und Liebe* spricht die Emotionen an: zwar sind „Rührung und Schrecken" nicht immer im Einzelnen nachzuweisen; als Ganzes aber wird wohl niemand das Stück ohne innere Anteilnahme lesen. • „Scherz und Satire" sind nicht bestimmend für das Stück, werden aber bewusst eingesetzt (z.B. der polternder Auftritt von Miller in I, 1 oder die als Karikatur angelegte Figur des Hofmarschalls von Kalb). • Über die Zeit- bzw. Gesellschaftskritik (vgl. Szene II, 2, in der ein Kammerdiener und Lady Milford vergleichbare Abscheu angesichts der menschenverachtenden Willkürherrschaft empfinden) zeigt sich eine Verbindung über Stände hinweg und etwas wie ein nationaler Zug.

UE 13: „Schaubühne als eine moralische Anstalt"

HAB 13

1. Lesen Sie vorbereitend auf die nächste Stunde die folgende Theaterkritik.

Kabale und Liebe – Daniela Löffner lässt in Schillers Trauerspiel die Gefühlsdämme brechen

André Mumot: Die Tyrannei der Zärtlichkeit

Braunschweig, 24. September 2011. Gesucht wird das ganz große Gefühl, eines das durch Mark und Bein geht, weil es wirklich echt sein könnte. Die gute Nachricht: Gegen Ende wird es dann gefunden. Es gibt da zum Beispiel eine Szene inmitten der tragischen Kabalen, die hauptsäch-
5 lich pathetisch ist und die man selten hervorheben würde. Die Tochter gesteht ihrem Vater mit schwärmerischen Worten, dass sie vorhat, Selbstmord zu begehen, weil ihr Ferdinand sie für eine Hure hält. Rika Weniger aber ist eine ratlose, verstörte, zerbrechliche Luise. [...] Sie verrät ihm ihre Pläne, sie versucht, ihn davon zu überzeugen, dass der Tod nichts Schlimmes sein muss, wenn das Leben kein Glück mehr bereithält, und Hans-Werner Leupelt, der in seiner un-
10 gebrochenen Intensität der Stärkste ist an diesem Abend, beginnt als Miller auf sie einzureden, sie festzuhalten. Er läuft über die Bühne, ringt mit sich und ihr. Er argumentiert ausführlich und sachlich und er umklammert die Tochter verzweifelt, die immer mehr einknickt und schließlich begreift, dass „Zärtlichkeit noch barbarischer zwingt als Tyrannenwut." [...]
Bezeichnenderweise ist es nicht das Liebespaar, das die Gefühlsdämme brechen lässt. Dabei
15 sind Rika Weniger und Philipp Grimm ein durchaus ansprechendes Pärchen. [...] Aber wirklich ans Herz geht all ihr zaghaftes, suchendes Küssen erst, als die skeptischen Millers dabei zuschauen und einander, in unwillkürlicher, wehrloser Nostalgie, selbst umarmen.
Überhaupt: Es ist ein Elternabend, den Daniela Löffner in Braunschweig auf die Bühne gebracht hat, und er findet in den Familienszenen von Anfang an seinen Schwerpunkt. Sandra Fehmer
20 und Hans-Werner Leupelt sind absolut wunderbar darin, das Trauerspiel bürgerlich zu machen, indem sie Usamabaraveilchen düngen, sich gegenseitig herunterputzen, ihre gute Stube gegen die Anmaßungen der Berufspolitiker verteidigen und für ihre Tochter nur das Beste wollen. Aber selbst Moritz Dürrs korruptem Minister von Walter scheint der eigene Sohn durchaus am Herzen zu liegen, wenn er ihn in sperriger Vaterliebe zu Dauerlauf und Liegestützen verdonnert.
25 Er bringt ihn dann allerdings auch dazu, auf die Bevölkerungsgruppen zu schießen, die ihm besonders lästig sind, und die der Rest des Ensembles kurz zu pantomimischen Zielscheiben machen muss: Demonstranten, Schwangere, behinderte Kinder.
Das ist so einer dieser Einfälle, mit der die Hausregisseurin des Braunschweiger Staatstheaters zeitgenössischen Schwung in die ausdauernden dreiviertel Stunden ihrer Inszenierung zu
30 bringen versucht. Wie manch andere Momente wirkt auch dieser vor allem bemüht: Ebenso wie die Orgie, die Lady Milford (Theresa Langer) in sexueller Ekstase mit ihren Juwelen und den anderen Mitspielern aufführt, ebenso wie die Fotografen, die den eitlen Hofmarschall von Kalb stets umringen.
Derlei Aktionismus ist Beiwerk auf einer Bühne, die ein großes Oval darstellt, in dem es eine
35 schiefe Ebene gibt und das von einem weißen Rondell umgeben ist, auf dem immer alle Darsteller sitzen, die gerade nicht dran sind. [...] Das alles aber ist tatsächlich nur Kulisse. Daniela Löffner konzentriert sich ganz auf Schillers Text, auf seine nach wie vor brillanten dramaturgischen und rhetorischen Einfälle und lässt die Darsteller in jeder Szene auf emotionale Wahrheitssuche gehen. Das politisch-soziale Hierarchiegefälle interessiert sie dabei nur am Rande,
40 und so bleibt etwa die zentrale Auseinandersetzung zwischen Luise und Lady Milford unentschlossen, fahrig, blass. Der Abend leidet unter diesen Abstürzen, findet aber in seinem emphatischen Gefühlsprimat immerhin zu mitreißenden Erregungszuständen. Was munter und geradezu niedlich beginnt, mündet nach der Pause in einer heftigen sexuellen Missbrauchsszene, in der von Kalb (schaurig und komisch und widerwärtig: Sven Hönig) mit Luise kopuliert, während
45 Wurm (Oliver Simon) dazu gierig masturbiert. (Es werden Türen geschlagen im Braunschweiger Publikumsraum.) Ferdinand und Luise schließlich stecken sich die Finger in den Hals, röcheln, würgen, als sie bemerken, dass sie aus falschen Gründen ihr Selbstmordgift genommen haben, und sterben in wilder, aggressiver Trostlosigkeit. Das bürgerliche Wohlgefühl, es liegt in Trümmern, und die Millers bleiben als verlorene Zeugen übrig. Auf ihren Schmerz steuert der
50 Elternabend konsequent zu. Und tatsächlich: Er geht dann auch durch Mark und Bein.

UE 14: „Kabale und Liebe" auf der Bühne

Hintergrundinformationen

Auch wenn *Kabale und Liebe* vom Premierenpublikum bei der Mannheimer Uraufführung begeistert aufgenommen und zunächst durchaus wohlwollend rezensiert worden ist (z. B. *Gothaische gelehrte Zeitungen* vom 29. Mai 1784: „Aber es hat würklich herrliche Scenen, und die Charaktere sind vortrefflich durchgeführt."), überwog bis in die Mitte des 19. Jahrhunderts die (z.T. harsche) Kritik an dem Stück (bzw. den frühen Dramen Schillers). Zwei prominente Beispiele seien zitiert:

> „Mit welcher Stirn kann ein Mensch doch solchen Unsinn schreiben und drucken lassen, und wie muß es in dessen Kopf und Herz aussehen, der solche Geburten seines Geistes mit Wohlgefallen betrachten kann! […] Wer 167 Seiten voll ekelhafter Wiederholungen gotteslästerlicher Ausdrücke, wo ein Geck um ein dummes affectiertes Mädchen mit der Vorsicht [= Vorsehung] rechtet und voll crassen, pöbelhaften Witzes oder unverständlicher Galimathias [= Geschwätz], durchlesen kann und mag – der prüfe selbst." – Karl Philipp Moritz (1784)

> „Sah Kabale und Liebe von Schiller und war doch überrascht von der grenzenlosen Nichtigkeit dieses Stücks, die erst bei einer Darstellung ganz heraustritt." – Friedrich Hebbel (1847)

Mit Realismus und vor allem Naturalismus – und damit der Abkehr von der Klassik – änderte sich die Bewertung:

> „… unter dem mächtigen Druck einer neuen Kunstanschauung, welche Schiller selbst in typischen Werken ausprägte, mochte „Kabale und Liebe" in der allgemeinen Wertschätzung lange zurückbleiben; aber je weiter wir von dem Werk abstehen, je unbefangener wir seinen socialen und seinen poetischen Gehalt haben erkennen lernen, in desto wärmerer Bewunderung treten wir vor diese einzige Schöpfung hin. Unzerstört und unzerstörbar ist der dramatische Gehalt des Werkes; und wie hoch auch Schiller an ästhetischer Einsicht und ethischer Klarheit gestiegen ist, unmittelbarere Bühnenwirkung hat er nirgends erzielt, als hier. In dem weitverzweigten Gebirgsstock, welchen wir das deutsche bürgerliche Drama nennen, ist „Kabale und Liebe" der alles überragende Gipfelpunkt;" – Otto Brahm (1888)

An der Einschätzung der „Bühnenwirkung" von *Kabale und Liebe* änderte sich auch im 20. Jahrhunderts nichts. Für die Zeit nach 1945 konstatiert Günther Skopnik (1959) gar:

> „Das eigentliche Spiegelbild seiner Zeit und ihrer Ängste aber fand das deutsche Theater nach 1945 in den „Räubern" und in „Kabale und Liebe", beide Stücke legen, wiewohl immer wieder auf ein religiöses Grunderlebnis verweisend und im Theologischen aufgefangen, eine durch und durch schadhafte, am Rande der Verzweiflung taumelnde Welt bloß, und das in einem jähen Ansprung und mit einer ingrimmigen Entschlossenheit, die selbst die Schreckensbilder des existentialistischen und des absurden Dramas noch als vergleichsweise harmlos erscheinen lässt."

Heute ist es nicht zuletzt die Schule, die zur Beschäftigung mit dem Stück führt. In seiner Rezension einer Inszenierung von *Kabale und Liebe* am Off-Theater in Bochum behauptet Ralf Stiftel 2012 mit durchaus bedenkenswerter Logik:

> „Friedrich Schillers bürgerliches Trauerspiel ist Pflichtstoff für den Abiturjahrgang 2014 in Nordrhein-Westfalen. Darum [sic!] hat das Publikum die Qual der Wahl zwischen Inszenierungen in Dortmund, Essen, demnächst in Mülheim, Castrop-Rauxel, Oberhausen."

UE 14: „Kabale und Liebe" auf der Bühne

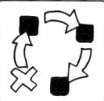

Stundenverlauf

Voraussetzung: Text „Die Tyrannei der Zärtlichkeit" ist gelesen worden

benötigte Materialien: –

Unterrichts-phasen	Zeit	Inhalte	Didaktisch-methodische Hinweise	Kompetenzen
Phase 1 Sicherung	5	Bewertung durch den Rezensenten zusammenfassen (→ UAB 14, Aufgabe 1)	Unterrichtsgespräch Ein Schüler könnte eine Zusammenfassung geben, die dann von den anderen Schülern ggf. ergänzt wird.	einen Sachtext inhaltlich erschließen und zusammenfassen
Phase 2 Erarbeitung I	20	Aspekte der Textsorte Theaterrezension erarbeiten (Inhalt und Aufbau) (→ UAB 14, Aufgabe 2)	Gruppenarbeit, anschließend Unterrichtsgespräch Im Vordergrund sollten die allgemeinen Merkmale der Textsorte stehen, d.h. dass auch weitere, in diesem Beispiel nicht realisierte Merkmale Berücksichtigung finden können.	aus einem Sachtext Merkmale einer Textsorte ableiten
Phase 3 Erarbeitung II	15	Begriff des „Regietheaters" erfassen; sich über Erwartungen an eine Theateraufführung austauschen (→ UAB 14, Aufgabe 3)	Unterrichtsgespräch Die Diskussion über die Erwartungen an eine Inszenierung kann frei verlaufen (idealerweise natürlich mit der Aussicht, tatsächlich eine Aufführung zu besuchen, geführt); wichtig ist, dass die Schüler ihre Meinung begründen.	sich sachbezogen austauschen; seine Meinung begründen
Phase 4 Erarbeitung III/ Transfer	45	Erarbeitung und Bewertung der Regie-Ideen im Einzelnen (→ UAB 14, Aufgabe 4)	Unterrichtsgespräch Zentral ist hier der Bezug auf *Kabale und Liebe*, d.h. dass die Aufgabe vor allem Anlass sein will, noch einmal genau auf den Text zu sehen und sich darüber deutend (wertend) und gut begründend auszutauschen.	einen Sachtext inhaltlich erschließen; einen literarischen Text bewerten
Phase 5	5	ggf. Hinweise zur Bearbeitung von HAB 14	zu HAB 14 → ⊚	

UE 14: „Kabale und Liebe" auf der Bühne

UAB 14

1. Fassen Sie mündlich zusammen, wie der Autor die Braunschweiger Inszenierung von Daniela Löffner bewertet.

2. Lesen Sie ggf. noch einmal die Theaterrezension „Die Tyrannei der Zärtlichkeit" und leiten Sie von diesem Beispiel ab,
    a) welche Informationen eine Kritik (Rezension) eines Theaterstückes enthält (bzw. enthalten sollte).

    _____
    _____
    _____
    _____

    b) wie eine Theaterrezension aufgebaut sein kann.

    _____
    _____
    _____

3. Ordnen Sie die Inszenierung zwischen Regietheater und Werktreue ein. Diskutieren Sie, was Sie bei einem Theaterbesuch von einer Inszenierung erwarten (bzw. sich wünschen).

> **! MERKE**
>
> Mit dem Begriff „Regietheater" bezeichnet man Inszenierungen, für die ein freier Umgang mit der Vorlage charakteristisch ist. Oft wird das Ausgangsstück (stark) gekürzt, in jedem Fall aktualisiert bzw. modernisiert und künstlerisch ausgestaltet. Der Begriff wird dabei manchmal abwertend gebraucht. Der Gegensatz zu „Regietheater" ist „Werktreue", also eine Inszenierung, die sich eng an der Vorlage orientiert (auch in der Ausstattung) und vor allem darauf zielt, die Intention des Stücks bzw. des Autors auf der Bühne darzustellen.

4. Stellen Sie die Inszenierungsideen von Daniela Löffner stichwortartig im Einzelnen dar. Diskutieren Sie anschließend jede Idee. Beziehen Sie sich in der Diskussion auf den Text von *Kabale und Liebe*.

    Inszenierungsideen: _____
    _____
    _____
    _____
    _____

UE 14: „Kabale und Liebe" auf der Bühne

Unterrichtsergebnisse

Unterrichts-phasen	Ergebnisse (Erwartungen)
Phase 1 = UAB 14, Aufgabe 1	André Mumot bewertet die Inszenierung im Ganzen positiv (das Stück steuert insgesamt zielgerichtet auf einen bewegenden Schluss zu), auch wenn er von Löffners Regie-Ideen, die über die Textvorlage hinausgehen, nicht viel hält (vgl. „vor allem bemüht").
Phase 2 = UAB 14, Aufgabe 2	**Tafelanschrieb:** **a) wichtige inhaltliche Merkmale** • Ort und Datum der Aufführung, Benennung des Theaters bzw. der Schauspielgruppe • Art (z.B. Komödie, bürgerliches Trauerspiel) und Titel des Stücks • kurzer Handlungsüberblick, Hauptziele des Stücks • Name des Regisseurs, wichtiger Mitwirkender sowie Nennung der Darsteller und ihrer Rollennamen • Hinweise auf Ausstattung (Bühnenbild, Kostüme) und Technik • zentrale Regie-Ideen • Reaktionen des Publikums • begründete Bewertung der Inszenierung **b) Aufbau:** • Einstieg mit einem prägnanten Zitat, einer wichtigen Regie-Idee, einer zentralen Szene o.Ä.s • informierender Teil zur Aufführung (Beantwortung der W-Fragen) • kurze Inhaltsangabe • begründete Bewertung der Inszenierung (Regie, Schauspieler, Ausstattung) • Fazit, abschließende Bewertung
Phase 3 = UAB 14, Aufgabe 3	Die Löffner-Inszenierung ist – nach den Angaben der Rezension – nicht eindeutig einzuordnen, denn der Rezensent betont ausdrücklich: „Daniela Löffner konzentriert sich ganz auf Schillers Text". Insgesamt neigt die Inszenierung aber wohl stärker dem Regietheater-Konzept zu (durch die Aktualisierung und Modernisierung der Vorlage; vgl. dazu unten die Lösungshinweise zu UAB 14, Aufgabe 4).
Phase 4 = UAB 14, Aufgabe 4	Folgende Inszenierungsideen sollten erfasst und dann diskutiert werden: • Miller am Ende in echter Verzweiflung um Luise und mit sich selbst ringend • moderne „Verbürgerlichung" (Usamabaraveilchen düngen, Anmaßungen der Berufspolitiker) • Präsident von Walter „verdonnert" Ferdinand „in sperriger Vaterliebe zu Dauerlauf und Liegestützen" • das Schießen auf „Demonstranten, Schwangere, behinderte Kinder" • Orgie Lady Milfords • Fotografen, die den eitlen Hofmarschall von Kalb stets umringen • das weitgehende Ausblenden des politisch-sozialen Hierarchiegefälles • Vergewaltigung von Luise durch von Kalb

UE 14: „Kabale und Liebe" auf der Bühne

HAB 14

1. Recherchieren Sie im Internet nach aktuellen Inszenierung von *Kabale und Liebe*. Konzentrieren Sie sich zunächst auf die Region, aus der Sie stammen, und weiten Sie Ihre Suche dann ggf. aus (auf ganz Deutschland und dann die deutschsprachigen Länder). Füllen Sie – aufgrund von Rezensionen oder Eigenangaben der jeweiligen Bühnen – die folgende Tabelle aus.

	Ort, Theater, Regie	wesentliche Merkmale der Inszenierung, Bewertung durch Kritiker
1		
2		
3		

2. Halten Sie schriftlich fest, welche der von Ihnen recherchierten Inszenierungen Sie am liebsten besuchen würden. Begründen Sie Ihre Meinung.

_____

_____

_____

_____

_____

_____

Ideenpool

Zu *Kabale und Liebe* finden sich in der zeitgenössischen Theaterliteratur zahlreiche Vorbilder (vgl. dazu auch Klausurvorschlag 3), von zentraler Bedeutung ist dabei Lessings *Emilia Galotti*, in der sich nicht nur diverse textuelle Parallelen finden, sondern in der auch der Gedanke eines Fürsten vorgezeichnet ist, seine Favoritin durch eine entsprechende Heirat zu versorgen (auch Lady Milford ist an die Figur der Gräfin Orsina angelehnt). Da *Emilia Galotti* außerdem – und sehr viel stärker als etwa die Stücke *Die Reue nach der Tat* und *Die Kindermörderin* von Heinrich Leopold Wagner – im allgemeinen Bewusstsein ist, bietet sich eine vergleichende Analyse (auch als mögliche Abiturklausur) geradezu an. Entsprechend sollten die Schüler zumindest in Ansätzen mit Lessings *Emilia Galotti* bekannt gemacht werden. Arbeitsblatt 1 (→ ⦿), das neben dem Vergleich der Szenen II, 4 aus *Emilia Galotti* und I, 1 aus *Kabale und Liebe* eine entsprechende Recherche anregt, könnte ergänzend zu den Unterrichtseinheiten 1 und 2 erarbeitet werden.

Arbeitsblatt 2 (→ ⦿) mit Schillers „Brief an Herzog Karl Eugen vom 24. September 1782" erlaubt Rückschlüsse auf die Figuren und deren Verhalten in *Kabale und Liebe*. Es bietet sich zur Bearbeitung in Ergänzung von Unterrichtseinheit 5 an.

In seiner 1792 erschienenen philosophischen Abhandlung *Über die tragische Kunst* befasst sich Schiller vor allem mit dem Ursprung und Wesen des Mitleids. Das entsprechende Arbeitsblatt 3 (→ ⦿) könnte die Beschäftigung mit Lessings *Hamburgischer Dramaturgie* in Unterrichtseinheit 9 vertiefen.

Auch wenn man Theaterverfilmungen kritisch gegenübersteht, so können sie doch – in Ergänzung zur eigentlichen Textlektüre – einen guten Diskussionsanlass bieten.
Kabale und Liebe wurde bereits relativ früh verfilmt, nämlich erstmals 1913 in der Regie von Martin Fehér. Es folgten über zehn weitere filmische Bearbeitungen für das Kino und das Fernsehen, zuletzt die TV-Produktion des Theaterregisseurs Andreas Kriegenburg (2009, nach einer Inszenierung am Düsseldorfer Schauspielhaus). Unter den neueren filmischen Bearbeitungen ragt die Verfilmung aus dem Jahr 2005 unter der Regie von Leander Haußmann aufgrund der prominenten Besetzung (u.a. Paula Kalenberg, August Diehl, Götz George, Katja Flint, Katharina Thalbach, Ignaz Kirchner, Detlev Buck) heraus. Christine Dössel schrieb dazu in der Süddeutschen Zeitung:

> „Es ist der wohl saftigste, emotionalste, schülerfreundlichste und bildungsbürgerlich unbekümmertste Beitrag zum Schiller-Jahr: eine Love-Story, erzählt in prallen, pulsierenden Bildern, mit Liebes-, Fecht- und Feuerwerkszenen, jede Menge Streit und Herzeleid."

Überwiegend kritisch sieht dagegen Berthold Metz auf der Seite *lehrerfreund.de* die Verfilmung Haußmanns. Seine Darstellung (Arbeitsblatt 4 → ⦿) eignet sich denn auch als Diskussionsimpuls. Eine Behandlung des Filmes könnte etwa UE 14 ersetzen oder auch erweitern.

Literaturliste

Die aufgeführten Titel bieten sich zur vertiefenden Erarbeitung (ggf. auch für Referate) an.

I) Über Friedrich Schiller
- Alt, Peter-André: Schiller. Eine Biographie in zwei Bänden. Bd. 1: 1759–1791; Bd. 2: 1791–1805. München: C. H. Beck 2000/2004.
- Damm, Sigrid: Das Leben des Friedrich Schiller. Eine Wanderung. Frankfurt: Insel Verlag 2004.
- Kluckert, Ehrenfried: Schnellkurs Schiller. Köln: DuMont Buchverlag 2004.
- Lahnstein, Peter: Der junge Schiller. München: Paul List Verlag 1981.
- Ueding, Gert: Friedrich Schiller. München: C. H. Beck 1990.

II) Interpretationen
- Huyssen, Andreas: Drama des Sturm und Drang. Kommentar zu einer Epoche. München: Winkler Verlag 1908.
- Müller, Hans-Georg: Kabale und Liebe (Lektürehilfe). Stuttgart: Klett 2008.
- Pasche, Wolfgang: Das bürgerliche Trauerspiel. G. E. Lessing „Emilia Galotti", F. Schiller „Kabale und Liebe", H. Ibsen „Nora" (Interpretationshilfen). Leipzig: Klett 2005.
- Safranski, Rüdiger: Schiller oder Die Erfindung des deutschen Idealismus. München: Deutscher Taschenbuch Verlag 2007.
- Schafarschik, Walter: Erläuterungen und Dokumente zu Friedrich Schiller „Kabale und Liebe". Stuttgart: Reclam 2001.
- Struck, Hans Erich: Friedrich Schiller. Kabale und Liebe. Oldenbourg Interpretationen Bd. 44. München: Oldenbourg 1998.
- Szondi, Peter: Die Theorie des bürgerlichen Trauerspiels im 18. Jahrhundert. Frankfurt: Suhrkamp Verlag 1973.

III) Weitere Materialien
- (DVD:) Kabale und Liebe. Darsteller: Katja Flint, Götz George. Regie: Leander Haußmann. 100 Min. Theater Edition 2005.
- (DVD:) Schiller. Darsteller: Matthias Schweighöfer, Teresa Weißbach. Regie: Martin Weinhart. 89 Min. Euro Video 2004.
- (Hörbuch:) Kabale und Liebe. Sprecher: Will Quadflieg, Maria Schell, Erich Ponto u.a. Universal Music 2009.
- Kraft, Herbert (Hrsg.): Schillers Kabale und Liebe. Das Mannheimer Soufflierbuch. Mannheim 1963.
- Mann, Thomas: Versuch über Schiller. – In: Th. Mann: Schriften und Reden zu Literatur, Kunst und Philosophie. Frankfurt: Fischer Verlag 1968. S. 312–374.
- Oellers, Norbert: Schiller. Elend der Geschichte, Glanz der Kunst. Stuttgart: Reclam 2005.
- www.goethezeitportal.de
- www.youtube.com/watch?v=lOKICSoqgbE (Haußmann-Verfilmung von „Kabale und Liebe"; eingesehen am 1.3.2013)

Quellenverzeichnis

Bildquellen

Chodowiecki, Daniel: Illustration zum 1. Akt, 4. Szene von „Kabale und Liebe", 1786. Nach: http://www.goethezeitportal.de/wissen/illustrationen/friedrich-schiller/kabale-und-liebe/schillers-kabale-und-liebe-in-illustrationen-von-daniel-chodowiecki.html (eingesehen am 20.3.13).

Chodowiecki, Daniel: Illustration zum 4. Akt, 9. Szene von „Kabale und Liebe", 1786. Nach: http://www.goethezeitportal.de/wissen/illustrationen/friedrich-schiller/kabale-und-liebe/schillers-kabale-und-liebe-in-illustrationen-von-daniel-chodowiecki.html (eingesehen am 20.3.13).

Textquellen

Aristoteles: Poetik (Auszug aus dem 6. Kapitel). In: Aristoteles: Poetik. Griechisch/Deutsch. Übersetzt und hrsg. v. Manfred Fuhrmann. © 1993 Philipp Reclam jun. GmbH & Co. KG, Stuttgart. S. 19 und 21.

Boehn, Max von: Der Hof Carl Eugens. In: Max von Boehn: Deutschland im 18. Jahrhundert. Berlin: Askanischer Verlag 1822. S. 454.

Freytag, Gustav: Die Technik des Dramas. Zitiert nach: http://www.matoni.de/technik/tec2_02.htm (eingesehen am 29.11.12).

Herold, Theo/Wittenberg, Hildegard: Zur Literatur im Sturm und Drang. In: Theo Herold/Hildegard Wittenberg: Geschichte der deutschen Literatur 1. Aufklärung, Sturm und Drang. Hrsg. v. Joachim Bark, Dietrich Steinbach u. Hildegard Wittenberg. Ernst Klett Verlag GmbH, Leipzig 2006. S. 40 bis 43.

Lessing, Gotthold Ephraim: 2. Akt, 4. Szene (Auszüge) aus Emilia Galotti.

Lessing, Gotthold Ephraim: Hamburgische Dramaturgie, Vierzehntes Stück, 1767. Zitiert nach: Projekt Gutenberg, http://gutenberg.spiegel.de/buch/1183/1 (eingesehen am 21.3.13).

Metz, Berthold: Filmkritik: Kabale und Liebe von Leander Haußmann (2005). Zitiert nach: http://www.lehrerfreund.de/schule/1s/filmkritik-haussmann-2005/2449 © Der Lehrerfreund; Berthold Metz

Mumot, André: Die Tyrannei der Zärtlichkeit, veröffentlicht am 24.09.2011
© André Mumot

Schiller, Friedrich: Brief an Herzog Carl Eugen vom 24. September 1782. In: Friedrich Schiller, Werke. Nationalausgabe Band 23. Weimar: Böhlers Nachfolger 1956, S. 41–43 (orthografisch angepasst).

Schiller, Friedrich: Die Schaubühne als eine moralische Anstalt betrachtet. In: Friedrich Schiller, Werke. Nationalausgabe Band 20,1. Weimar 1962, S. 92–100 (orthografisch angepasst).

Schiller, Friedrich: Über die tragische Kunst (Auszüge). Zitiert nach: http://www.zeno.org/Literatur/M/Schiller,+Friedrich/Theoretische+Schriften/%C3%9Cber+die+tragische+Kunst (eingesehen am: 3.12.2012).

Wilpert, Gero von: Sachwörterbuch der Literatur. Stuttgart: Kröner, 8. verbesserte und erweiterte Auflage 2001, S. 115–117.

Alle Unterrichtsmaterialien
der Verlage Auer, PERSEN und scolix

jederzeit online verfügbar

lehrerbuero.de
Jetzt kostenlos testen!

» lehrerbüro
Das **Online-Portal** für Unterricht und Schulalltag!